ENTORNOS

PRIMER CURSO DE LENGUA ESPAÑOLA

Student Edition

Units 6-12

© Editorial Edinumen, 2016

Authors:
   Cecilia Bembibre, Carmen Cabeza, Noemí Cámara, Susana Carvajal, Francisca Fernández, Emilio José Marín,
   Celia Meana, Ana Molina, Susana Molina, Liliana Pereyra, Francisco Fidel Riva, Equipo Espacio, and Equipo Nuevo Prisma
   Coordination Team: David Isa, Celia Meana, and Nazaret Puente

ISBN: 978-84-9179-857-6
Depósito legal: M-13606-2024

First published 2016

10 9 8 7 6 5 4 3 2 1 MUR 24

Printed in Spain by Gráficas Muriel
0524

Editorial Coordination:
   Mar Menéndez

Cover Design:
   Juanjo López

Design and Layout:
   Carlos Casado, Juanjo López and Sara Serrano

Illustrations:
   Carlos Casado

Photos:
   See page AP23

Editorial Edinumen
   José Celestino Mutis, 4. 28028 Madrid. España
   Telephone: (34) 91 308 51 42
   E-mail: edinumen@edinumen.es
   www.edinumen.es

Edinumen USA Office
   1001 Brickell Bay Drive Suite 2700
   Miami 33131, Florida
   Telephone: 7863630261
   E-mail: contact@edinumenusa.com
   www.edinumenusa.com

Learning to communicate in Spanish can help you achieve a more vibrant and prosperous future, especially in today's globalizing world. As of 2017, **more than 470 million people speak Spanish** as a native language, making Spanish the second most common native language in the world. According to a study by the Instituto Cervantes, **45 million people in the United States** speak Spanish as a first or second language. That's a Spanish-speaking community the size of the whole country of Spain!

Spanish is the most widely spoken language in the Western Hemisphere, and an official language of the European Union, making it an important language for international business. By learning Spanish, you'll be joining 20 million other students worldwide who are learning to speak Spanish. You'll also be gaining a valuable professional skill on an increasingly bilingual continent. **¡Bienvenidos!**

HOW DO I ACTIVATE MY DIGITAL CONTENT?

In academia today, it is more important than ever for students to develop digital fluency. ELEteca is the learning management system for *Entornos*. The digital resources offered with *Entornos* allow you to engage with Spanish in the same multifaceted manner you engage with the world outside the classroom.

Your activation code for your ELEteca student account is on the inside front cover of this student edition. To redeem this code, go to https://eleteca.edinumen.es

In ELEteca, you can

- Enhance your learning in each unit through online practice provided by the program or created by your teacher
- See your grades and monitor your own progress
- Receive assignments, messages, and notifications from teachers
- Play *La Pasantía*, an interactive game for a creative learning experience
- Access the accompanying audio and video for every unit

  ¡Acción! – a video series aligned to every unit

  Voces Latinas – cultural video segments expand upon the student edition's cultural sections

  Grammar Tutorials – short clips introduce new grammar concepts and reinforce difficult skills

  Casa del Español – authentic street interviews target grammar and vocabulary

How did you learn to ride a bike? Did you sit in a chair while someone explained the fundamentals of bike riding to you, or did you go outside and give it a try yourself? Did you get better by memorizing a set of expert techniques, or did you suffer a few skinned knees until you improved?

Whether it's riding a bike or learning a language, people learn best by doing! Out-of-context grammar and vocabulary skills or exercises designed to perfect isolated language functions can be difficult to use when you want to express yourself or understand something new. Even more importantly, this kind of instruction can make us forget Spanish is a living language that people speak creatively and individually all over the world.

Entornos, an introductory Spanish course, helps you develop the language you need to connect to real-world, practical issues. *Entornos* supports communicative, empowered learning.

- **Inductive learning** helps students deepen their understanding of language through discovery and inference.
- **Real-life learning** gives immersive, relatable scenarios, and provides a framework for communication.
- **Learning strategies** reinforce learning as students understand the processes and methods that work best for them.
- **Social and emotional relevance** increases students' motivation to learn a language, boosting acquisition and retention.
- **Cultural and intercultural learning** builds global awareness while developing authentic communication skills.

INDUCTIVE LEARNING

From the first page of every unit, you will be invested in the inductive learning approach. The motivation to learn vocabulary and grammar will be driven by the language functions needed to talk about subjects you care about. *Entornos* helps you produce meaningful communication through scaffolded support of reading, writing, listening, and speaking in a media- and information-rich environment. Then, after explicit language instruction, you practice the language forms and vocabulary for true Spanish mastery.

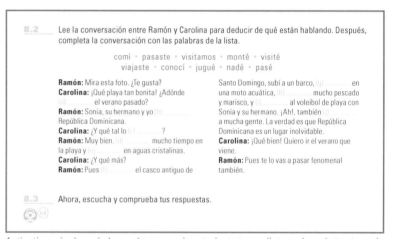

8.2 Lee la conversación entre Ramón y Carolina para deducir de qué están hablando. Después, completa la conversación con las palabras de la lista.

comí • pasaste • visitamos • monté • visité
viajaste • conocí • jugué • nadé • pasé

Ramón: Mira esta foto. ¿Te gusta?
Carolina: ¡Qué playa tan bonita! ¿Adónde (a)_____ el verano pasado?
Ramón: Sonia, su hermano y yo (b)_____ República Dominicana.
Carolina: ¿Y qué tal lo (c)_____?
Ramón: Muy bien. (d)_____ mucho tiempo en la playa y (e)_____ en aguas cristalinas.
Carolina: ¿Y qué más?
Ramón: Pues (f)_____ el casco antiguo de

Santo Domingo, subí a un barco, (g)_____ en una moto acuática, (h)_____ mucho pescado y marisco, y (i)_____ al voleibol de playa con Sonia y su hermano. ¡Ah!, también (j)_____ a mucha gente. La verdad es que República Dominicana es un lugar inolvidable.
Carolina: ¡Qué bien! Quiero ir el verano que viene.
Ramón: Pues te lo vas a pasar fenomenal también.

8.3 Ahora, escucha y comprueba tus respuestas.

Activating prior knowledge and empowering students to predict words and structures in context allows students to focus on the meaning, not on the mechanics of the language.

REAL-LIFE LEARNING

When you are engaged in language with real-world scenarios and challenges, you become more engaged in learning important skills and content. Gone are the days when students were required to listen and not question, memorize and repeat, in preparation for a vastly different workforce than the one we have today. As times have changed, so too has the way we educate. Nurturing in-depth understanding and a passion for connection, *Entornos* maximizes real-world learning experiences so you can develop the skills needed to communicate in a rapidly evolving world.

¿Cómo estás?
Hola. ¿Qué tal?

In ELEteca, you can access *Casa del Español*, authentic person-on-the-street interviews. These videos feature a wide range of language varieties and dialects while targeting the grammar and vocabulary in an engaging context.

LEARNING STRATEGIES

Research shows that incorporating learning strategies into language curricula helps student become more effective language learners and facilitates a self-actualizing approach to achieving language goals. *Entorno's* philosophy helps you work smarter through the use of specific self-developed strategies, which have a profound influence on learning outcomes. By developing skills in learning-how-to-learn, you will better exploit classroom-learning opportunities and can more easily expand your language learning outside of the classroom.

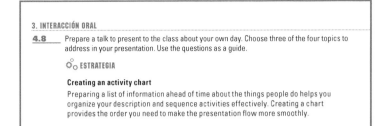

The better students understand how they learn, remember, and processes information, the more successful they will be in their academic and professional career.

SOCIAL AND EMOTIONAL RELEVANCE

The themes in *Entornos* were developed to reflect students' interests, creating a deeper connection through relevant activities and content that is familiar. This engagement not only creates a compelling classroom experience, it also builds neural connections and long-term memory storage for language retention. Research shows that being truly engaged increases learners' attention and focus, motivates them to practice higher-level critical thinking skills, and promotes meaningful learning experiences. By embedding your interests in the speaking, listening, reading, and writing skills lessons, Entornos helps you achieve learning objectives and brings Spanish language to life.

PROGRESO Y NATURALEZA

El Canal de Panamá mantiene una alianza natural con su entorno. Desarrolla su actividad en medio de un país lleno de biodiversidad y situado en un valle hidrográfico donde el ser humano y la naturaleza trabajan unidos.

Otro ejemplo de esta comunión hombre-naturaleza es el santuario de Las Lajas en Colombia, un bellísimo edificio perfectamente integrado en los riscos* de la cordillera de los Andes. Se suele describir como «un milagro* de Dios sobre el abismo».

¿Hay ejemplos de esta alianza hombre-naturaleza en tu país?

Entornos taps into the relevancy to students' lives to not only motivate them to communicate and learn but to provide a framework for better language learning.

CULTURAL AND INTERCULTURAL LEARNING

Spanish is a vital, living language—which can be surprisingly easy to forget when you're conjugating endless strings of verbs. *Entornos* reminds us that the purpose of language is to connect: with ourselves and with others, in our own communities and around the world.

By calling attention to the rich diversity of Hispanic cultures around the world, *Entornos* explores opportunities to travel and experience other cultures. Understanding the customs and behaviors of the different Spanish-speaking cultures encourages a wider vision of the world. It is as important to learn how and when to use the language as it is to learn the language itself, and the different ways in which the Spanish-speaking world communicates is a focus of *Entornos.*

¿QUÉ LEES?

73% — El periódico
56% — Un libro al año
50% — Revistas

Los argentinos leen el periódico (el 73% de la población), al menos un libro al año (el 56%) y revistas (casi el 50%), según un estudio reciente de la Universidad de San Martín. Aunque mucha gente lee en la pantalla de la computadora, solo el 8% dice leer libros digitales. El resto prefiere el formato tradicional de papel. Las preferencias literarias cambian con la edad: los mayores de treinta y cinco años prefieren leer novelas históricas, y los menores eligen libros de fantasía o ciencia ficción.

En la avenida Corrientes, Buenos Aires, hay muchas librerías.

Fuentes: NOP World Culture Score, Fundación El Libro, *La Nación, El Mercurio,* Universidad de San Martín.

¿Qué te gusta leer: periódicos, libros o revistas? ¿Qué tipo de literatura te gusta? ¿Lees en formato digital? ¿Por qué?

Adapted and authentic resources help students develop their perceptions of the world by raising awareness of different cultures and the interconnectedness of language and culture.

Many thanks to the following reviewers who offered ideas and suggestions:

David Alley, Georgia Southern University
Damian Bacich, San Jose State University
Marie Blair, University of Nebraska-Lincoln
Gabriela Brochu, Truckee Meadows Community College
Teresa Buzo Salas, Georgia Southern University
Patricia Crespo-Martín, Foothill College
Lisa DeWaard, Clemson University
Aída Díaz, Valencia Community College
Dorian Dorado, Louisiana State University
Erin Farb, Community College of Denver
Esther Fernández, Rice University
Gayle Fiedler Vierma, University of Southern California
Alberto Fonseca, North Central University
Amy Ginck, Messiah College
José Manuel Hidalgo, Georgia Southern University
Michael Hydak, Austin Community College
Elena Kurinski, St. Cloud University
Courtney Lanute, Edison State College
Kathleen Leonard, University of Nevada-Reno
Tasha Lewis, Loyola University of Maryland
José López Marrón, Bronx Community College
Donna Marques, Cuyamaca Community College
Markus Muller, California State University-Long Beach
Luz Porras, SUNY-New Paltz
Kristina Primorac, University of Michigan
Danielle Richardson, Davidson County Community College
Ángel Rivera, Worcester Polytechnic Institute
Fernando Rubio, University of Utah
Benita Sampedro, Hofstra University
Rachel Shively, Illinois State University
Yun Sil Jeon, Coastal Carolina University
Christine Stanley, Roanoke College
Luz Triana-Echeverría, St. Cloud University
Matthew A. Wyszynski, University of Akron

 Pair icon: indicates that the activity is designed to be done by students working in pairs.

 Language icon: provides additional language and grammar support in presentations and for activities.

 Group icon: indicates that the activity is designed to be done by students working in small groups or as a whole class.

 Regional variation icon: provides examples of regional variations in the language.

 Audio icon: indicates recorded material either as part of an activity or a reading text.

 Recycling icon: provides a reminder of previously taught material that students will need to use in an activity.

SCOPE AND SEQUENCE

ENTORNOS

PRIMER CURSO DE LENGUA ESPAÑOLA

Student Edition

6

VAMOS DE VIAJE

Hablamos de…	Vocabulario y comunicación	¡En vivo!	Gramática	Destrezas	Sabor latino	En resumen
• El transporte en la ciudad	• **Los medios de transporte:** Stopping someone to ask for information • **Establecimientos de la ciudad:** Describing where things are located	• **Episodio 6 Un barrio interesante:** Retaining information	• Irregular verbs *ir, seguir, jugar,* and *conocer* • Prepositions *en, a, de* • Direct object pronouns • Adverbs of quantity	• **¡Ya estoy en Ciudad de México!** – **Comprensión de lectura:** Identifying keywords – **Expresión escrita:** Persuasion – **Interacción oral:** Seeking feedback	• **Turismo de aventura**	• **Situación:** Recados y conversaciones • Vocabulario
	Pronunciación					
	• The sounds of **g**, **gu** and **j**					

¿A qué
hora sale el
autobús?

LEARNING OUTCOMES

By the end of this unit, you will be able to:

- Get around in a city
- Ask for and give directions
- Describe where things are located
- Talk about means of transportation

- Fíjate en los muchachos de la imagen principal. ¿Qué llevan en la espalda? ¿Qué hacen? ¿Por qué?
- ¿Te gusta viajar a otros países?
- ¿Te gusta explorar las ciudades?
- ¿Qué ciudades quieres visitar?

6.1 Observa las imágenes y elige la opción correcta.

1. Las imágenes muestran una conversación entre...
   - a. un turista y un policía.
   - b. un médico y su paciente.
   - c. *dos amigos.*

2. En la primera imagen, el muchacho de la derecha tiene en las manos...
   - a. *una guía.*
   - b. un diario.
   - c. *un mapa.*

3. Parece que él está...
   - a. de buen humor.
   - b. triste.
   - c. *preocupado.*

4. En la segunda imagen, uno de los muchachos...
   - a. *tiene que viajar.*
   - b. tiene que hacer deporte.
   - c. tiene que ir de compras.

5. ¿Dónde crees que va?
   - a. *De vacaciones.*
   - b. Al gimnasio.
   - c. A casa.

6. ¿Cómo crees que es el muchacho de la izquierda?
   - a. Es antipático porque no quiere ayudar al muchacho.
   - b. Es vago y no escucha al muchacho.
   - c. *Es amable porque ayuda a su amigo.*

6.2 Escucha la siguiente conversación e indica si la frase se refiere a Óscar, a Paco o a la estación de autobuses.

next to

Paco: ¿Qué buscas, Óscar?
Óscar: Ah, necesito tu ayuda. Voy a la estación de autobuses. ¿Está **cerca de** la universidad?
Paco: Bueno, depende. A estas horas es mejor ir en metro para evitar todo el tráfico en la ciudad.
Óscar: ¿Cómo voy desde aquí?
Paco: Mira, estamos en Ciudad Universitaria, **delante de** la universidad hay una estación de metro. Toma la línea 3 hasta Balderas. En Balderas haces transbordo a la línea 1 hasta Observatorio. Son unas siete paradas.

near

in front of

La estación de autobuses está justo **al lado de** la estación de metro.
Óscar: ¡Ándale! Está **lejos de** aquí. Bueno, ¿y sabes cuánto cuesta el boleto?
Paco: Tres pesos, pero es mejor comprar una tarjeta electrónica. Cuesta diez pesos y luego la puedes recargar muchas veces.
Óscar: Está bien. ¿Y dónde la puedo comprar?
Paco: En las taquillas del metro.
Óscar: Ah, ya... Muchas gracias. Hasta luego.
Paco: No hay de qué, Óscar. Buen viaje... Un momentito, ¿dónde vas, muchacho?

far

to know something
to think

	Óscar	Paco	Estación de metro
a. Conoce muy bien la ciudad.		✓	
b. Piensa que hay mucho tráfico ahora.		✓	
c. Quiere comprar una tarjeta electrónica.			
d. Está al lado de la estación de autobuses.			✓
e. Sale de viaje.			
f. Piensa que la estación de autobuses está lejos.			
g. Está cerca de la universidad.			✓
h. Sabe el precio del boleto.			

6.3 ¿Dónde está Óscar? Fíjate en la situación de Óscar con respecto al edificio de la universidad y relaciona las frases y las imágenes.

1. a cerca de la universidad
2. b delante de la universidad

3. d lejos de la universidad
4. c al lado de la universidad

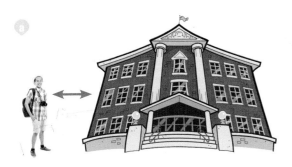

6.4 Contesta las preguntas. Después, habla con tu compañero/a sobre el campus de tu universidad. ¿Quién conoce mejor el campus?

a. ¿Vives cerca o lejos de la universidad? Lejos de

b. ¿Qué edificio está al lado de la biblioteca? Leigh Hall

c. ¿Qué edificio está más lejos para ti? ¿Qué estudias o haces allí? Polsky, Speech pathology

d. ¿Qué hay delante de la universidad? Exchange street

e. ¿Necesitas un mapa para encontrar los edificios y las clases? X

f. ¿Tomas el autobús para moverte por el campus? Camino o Carro

APUNTES: El transporte público en México

✓ La mayoría de los mexicanos usa el transporte público.

✓ El transporte colectivo en la Ciudad de México es bastante económico. Los menores de 5 años y los mayores de 60 viajan gratis.

✓ Desde el año 2010 existe el Eco Bus, un transporte menos contaminante.

✓ Algunos autobuses y vagones de metro son exclusivos para mujeres.

✓ Para transportarse dentro de las ciudades o entre los diferentes lugares de México, se usa más el servicio de autobuses.

✓ Solo hay trenes para pasajeros en tres rutas turísticas.

VOCABULARIO Y COMUNICACIÓN

1.A VOCABULARIO: LOS MEDIOS DE TRANSPORTE

autobús = el camión (México), el colectivo (Argentina), la guagua (Caribe), la chivita (Colombia)

metro = el subterráneo = el subte (Argentina)

6.1 Relaciona los medios de transporte con su palabra en español. Después, escucha el audio para comprobar tus respuestas.

a. el tren   d. el autobús   g. el avión

b. el taxi   e. la moto   h. el metro

c. el barco   f. a pie   i. la bicicleta (la bici)

Fíjate:

Estación de metro / tren

Parada de autobús

6.2 Indica qué tipo de transporte prefieres tomar en las siguientes situaciones. Después, comparte las respuestas con tu compañero/a.

Modelo: para ir de tu casa a casa de un amigo ▶ Prefiero ir a pie.

a. para ir a la universidad → un carro

b. para viajar por el Caribe → un barco

c. para ir de vacaciones → un avion

d. para visitar a la familia → un cangunavie

e. para viajar por la ciudad → camino

f. para ir de una ciudad a otra → el taxi

Use **ir en** with transportation to express *to go by*.

140

6.3 Lee el siguiente blog de una web de viajes de Puerto Rico y completa los espacios en blanco con el medio de transporte adecuado de la lista.

un barco • un carro • a pie • avión • metro • un taxi • el autobús

www.puertoricodelencanto.com

✈ *Puerto Rico*

¡Hola y bienvenidos a mi blog de Puerto Rico, la isla del encanto! Está más cerca de lo que piensas. Mira, sales de tu ciudad en (a) *avión* y llegas al aeropuerto de San Juan en poco tiempo. Después tomas (b) *un taxi* para ir al Hotel Paraíso. El hotel está cerca de la playa, puedes ir (c) *a pie* todos los días, no necesitas carro. Para conocer el Viejo San Juan, tomas (d) *el autobús* que sale del hotel. En el Viejo San Juan no hay (e) *metro*, pero no es necesario porque el centro no es muy grande. Recomiendo

Calle en el Viejo San Juan

visitar las cavernas de Camuy. Es muy popular alquilar *(rent)* (f) *un carro* para ir hasta allí. Si quieres conocer la Isla de Culebra, toma (g) *un barco* pequeño desde Fajardo. El viaje es de solo cuarenta y cinco minutos y el mar es muy bonito. ¡Que pasen buenas vacaciones!

6.4 Estos son algunos adjetivos para describir los medios de transporte. Relaciona cada adjetivo con su definición. Después, compara con tu compañero/a.

1. rápido/a
2. caro/a
3. lento/a
4. barato/a
5. seguro/a
6. práctico/a
7. peligroso/a
8. cómodo/a
9. contaminante
10. ecológico/a

a. que es limpio y no contamina
b. que tarda *(takes)* poco tiempo
c. que produce polución
d. que tarda mucho tiempo
e. que tiene riesgo *(risk)*
f. que es confortable
g. que no tiene riesgo
h. que es útil → *useful*
i. que cuesta poco dinero
j. que cuesta mucho dinero

6.5 Clasifica cada uno de los adjetivos de la actividad anterior como positivo o negativo en relación con el transporte.

Positivos			Negativos	
rápido/a	barato/a	cómodo/a	caro/a	lento/a
ecológico/a	seguro/a	práctico/a	peligroso/a	contaminante

6.6 Describe los siguientes medios de transporte según tu clasificación de la actividad 6.5. Después, intercambia tus opiniones con un/a compañero/a. ¿Están de acuerdo?

a. Para mí, el carro es… *seguro*
b. Para mí, el avión es… *caro*
c. Para mí, el tren es… *contaminante*
d. Para mí, el metro es… *práctico*
e. Para mí, el barco es… *lento*
f. Para mí, la moto es… *peligroso*

To compare and contrast opinions, use:

- ¿Y para ti?
- Para mí, también.
- Para mí, no.

6.7 Piensa en el futuro del planeta y nuestras responsabilidades. ¿Qué tenemos que hacer, con respecto al transporte, para ser más responsables? Discútelo con tus compañeros y prepara una lista de ideas para presentar a la clase.

1.B COMUNICACIÓN: STOPPING SOMEONE TO ASK FOR INFORMATION

Hay	Está/Están
» Use **hay** to talk and ask about the existence of people or things.	» Use **está / están** to talk or ask about where someone or something is located.

*En mi clase **hay** una pizarra.* In my class, there is a blackboard.

*También **hay** muchos libros.* There are many books too.

*La pizarra **está** detrás de la mesa.* The blackboard is behind the desk.

*Los libros **están** en la estantería.* The books are in the bookshelf.

Formal	Informal

Para pedir información

Perdone / Oiga (usted), **¿dónde hay** un parque?

¿Sabe (usted) **dónde está** la biblioteca?

Perdona / Oye, ¿dónde hay un parque?

¿Sabes dónde está la biblioteca?

Para responder

Sí, claro / Pues, mire…

Sí, claro / Pues, **mira**…

(No), **No lo sé**, lo siento.

6.8 Lee el siguiente artículo sobre Santiago de Chile y subraya todos los *hay / está* que aparecen en el texto.

Santiago de Chile

La capital de Chile está en el centro del país, entre la cordillera de los Andes y el océano Pacífico; es una de las ciudades más recomendadas para hacer turismo. Santiago tiene más de cinco millones de habitantes.

El lugar turístico más visitado es la Plaza de Armas; está en el centro de la ciudad y en ella hay muchos edificios conocidos, como la Catedral Metropolitana. Otro monumento nacional muy famoso es el Palacio de la Moneda, residencia del presidente de la República de Chile.

Los museos más visitados son el Museo Histórico Nacional y el Museo de Bellas Artes.

Santiago no tiene mar, pero sí un río que se llama Mapocho y que cruza toda la ciudad. También hay un parque natural, el Cerro Santa Lucía, una pequeña montaña situada en el centro de la ciudad.

Plaza de Armas

To give directions, use:

(↑) Sigue/Siga todo recto.

(→) Gira/Gire a la derecha.

(←) Gira/Gire a la izquierda.

6.9 🎧 51 Escucha la conversación y señala en el mapa el trayecto que necesita hacer Antonio para llegar al Cerro Santa Lucía.

2.A VOCABULARIO: ESTABLECIMIENTOS DE LA CIUDAD

6.10 Estos son algunos de los lugares que normalmente encuentras en una ciudad. Escucha y escribe los que faltan. Son cognados.

(52)

el cine

el hotel

la farmacia

el restaurante

Fíjate
Note that many of the words for places in Spanish are cognates, except for one. Which word from the list is a false cognate?

la zapatería

la librería

el metro

el supermercado

Fíjate
What ending or suffix is common to many of the names for stores in Spanish?
Combine the suffix with the noun to form the name of the store.

A store can also be identified by what it sells:
-la tienda de ropa
-la tienda de muebles

la tienda de ropa / tintorería

el centro comercial

el gimnasio

el museo

el parque

la cafetería / el café

el hospital

la panadería / la pastelería

6.11 Por turnos, pregunta a tu compañero/a dónde tienes que ir:

a. para ver una exposición

b. para comprar medicamentos / things

c. para comprar diferentes cosas
Yo voy al supermercado

d. para hacer deporte

e. si estás enfermo/a Vas al hopital

f. para comprar zapatos
yo voy al el centro comercial

g. Otros: ....

Modelo: E1: ¿Dónde hay que ir para ver una exposición?

E2: A un museo.

Para expresar ubicación...

» To describe where people or objects are located, use:

delante de *in front of*	encima de *on top of*	al lado de *next to*
detrás de *behind*	debajo de *under, below*	dentro de *inside*
cerca de *close to, near*	a la izquierda de *to the left of*	entre… y… *between… and…*
lejos de *far from*	a la derecha de *to the right of*	

6.12 Escucha y ordena las imágenes según se mencionan en el audio.

 53

¿Dónde está el perro?

a) a la izquierda de
b) a la derecha de
c) lejos de
d) a lado de
e) debajo de
f) detrás de
g) dentro de
h) cerca de
i) delante de
j) encima de
k) entre el fútbol y los zapatos

In Spanish the article **el** contracts with **de** to form **del** and with **a** to form **al**.
- La tienda de ropa está **al** lado **del** supermercado.

6.13 Ahora, mira otra vez las imágenes y completa. Sigue el modelo.

Imagen a: El perro está a la izquierda del televisor.

Imagen b: ....

Imagen c: ....

Imagen d: ....

Imagen e: ....

Imagen f: ....

Imagen g: ....

Imagen h: ....

Imagen i: ....

Imagen j: ....

Imagen k: ....

6.14 Umberto, un muchacho venezolano que vive en Caracas, explica cómo es su barrio *(neighborhood)*. Mira el plano y completa los espacios en blanco con expresiones de ubicación y establecimientos. Después, escucha y comprueba tus respuestas.

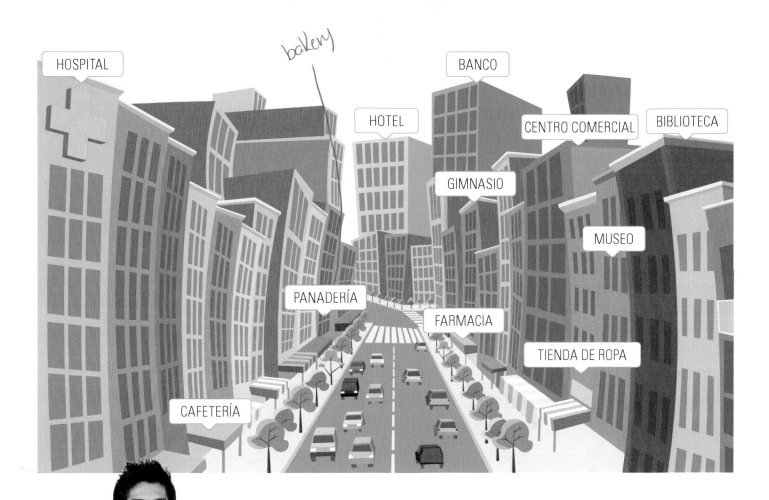

bakery

HOSPITAL

BANCO

HOTEL

CENTRO COMERCIAL

BIBLIOTECA

GIMNASIO

MUSEO

PANADERÍA

FARMACIA

TIENDA DE ROPA

CAFETERÍA

¡Tengo un barrio genial! Vivo en el centro de Caracas. Mi casa está (a) ...encima de... la cafetería, en el tercer piso. En mi barrio hay de todo. Enfrente de mi casa hay un (b) ...museo... de arte abstracto, una (c) ...biblioteca... y una tienda de ropa. La tienda de ropa está (d) ...entre... el centro comercial (e) ...y... el museo. (f) ...al lado... de mi casa hay un (g) ...hospital... al que voy cuando estoy enfermo. Cerca de mi casa hay una panadería y al otro lado de la calle está el (h) ...gimnasio... en el que hago ejercicio tres veces por semana. (i) ...Debajo del... gimnasio hay una farmacia. Cuando mis amigos vienen a visitarme, se alojan en un (j) ...hotel... que está al final de la calle. (k) ...A la derecha del... hotel está uno de los bancos más grandes de Caracas. Lo único malo es que no hay ningún parque cerca, pero, como digo, es un barrio fantástico. Todo lo que necesito está muy cerca.

6.15 Almudena vive en una pequeña ciudad española. Escucha y ordena las imágenes, según se mencionan en el audio.

(55)

bebo agua/como comida   *Panaderia Comprar galletas / Como café*

voy a ir de compras   *Comprar ropa!*   *Camino con mi perro*

Centro cívico / jardín

Barrio = neighborhood

6.16 Imagina que este es tu barrio. Elige dónde vives y coloca estos establecimientos en el plano.

a. una cafetería
b. un hospital
c. un gimnasio

d. una farmacia
e. un centro comercial
f. un hotel

g. un banco
h. otro establecimiento de tu interés ....

6.17 Por turnos, dile a tu compañero/a dónde están situados los establecimientos de tu barrio de la actividad anterior. Él/ella debe señalarlos correctamente.

6.18 Vuelve a leer y escuchar los textos de Umberto y Almudena y anota las ventajas *(advantages)* y desventajas *(disadvantages)* que tiene vivir en dos ciudades tan diferentes.

Vivir en una gran ciudad		Vivir en una ciudad pequeña	
Ventajas	Inconvenientes	Ventajas	Inconvenientes
todos está cerca	*no parque*	*la tienda de ropa la farmacia a pie*	*no hay desventajas*

según (according centro (down town)

6.19 En grupos de cuatro, comparen sus anotaciones anteriores y digan dónde prefieren vivir. ¿Están de acuerdo?

6.20 ¿Qué características tiene su barrio ideal? ¿Dónde debe estar situado? ¿Qué establecimientos y lugares debe tener? Sigan las instrucciones para hacer el cartel del barrio ideal.

a. En grupos de cuatro, elaboren una lista con siete características. Tomen nota.

b. Compartan sus ideas con la clase y elaboren una única lista en la pizarra.

c. Formen siete pequeños grupos. Cada uno se encarga de una característica anotada en la pizarra. Tienen que buscar imágenes para el cartel.

d. Pongan en común sus imágenes y elaboren el cartel.

PRONUNCIACIÓN

THE SOUNDS OF *G*, *GU* AND *J*

6.1 Escucha y repite.

ge ▶ **ge**nte	ja ▶ **ja**món	ga ▶ **ga**to	gui ▶ **gui**tarra
gi ▶ **gi**rar	jo ▶ **jo**ven	go ▶ **go**rdo	gue ▶ Mi**gue**l
	ju ▶ **ju**eves	gu ▶ **gu**apo	

6.2 Por turnos, pronuncien las siguientes palabras. Después, escuchen para comprobar su pronunciación.

gamba	agosto
jubilarse	guisante
ajo	guerra
girar	general
jabalí	girasol
agua	página

6.3 Completa los espacios en blanco con *g* o *j*. Después, repite las palabras en voz alta para practicar tu pronunciación.

a. ca.........ón
b. o.........o
c. má.........ico
d. ....untos
e. traba.........o
f. ima.........en

6.4 Completa los espacios en blanco con *g* o *gu*. Después, repite las palabras en voz alta para practicar su pronunciación.

a. ....ato
b. ....orra
c. hambur.........esa
d. ....afas
e. ....azpacho
f. se.........ir

Un barrio interesante

ANTES DEL VIDEO

6.1 Observa las imágenes. Habla con tu compañero/a sobre el tipo de ciudad donde viven Lorena y Eli. ¿Cómo es? Basa tus respuestas en lo que crees que puede ocurrir. Usa tu imaginación.

6.2 Vuelve a mirar la imagen 1 y escribe al menos siete objetos o lugares que aparecen.

6.3 Mira una vez el episodio y marca los elementos que aparecen en la conversación entre Lorena y Eli. Compara con tu compañero/a. ¿Coinciden?

☐ estación de tren ☐ fuente ☐ tienda de ropa ☐ supermercado

☐ banco ☐ librería ☐ parada de bus ☐ estación de metro

☐ cine ☐ farmacia ☐ estatua ☐ centro comercial

☐ iglesia ☐ papelería ☐ museo ☐ parque

☐ gimnasio ☐ zapatería ☐ restaurante ☐ biblioteca

☼ ESTRATEGIA

Retaining information
When you listen to a video or conversation in Spanish, it is normal not to understand every word, but you should listen and watch for overall understanding. Pay special attention to the important words that provide context to the scene.

DURANTE EL VIDEO

6.4 Para ir de una parte a otra en una ciudad puedes usar diferentes medios de transporte. Completa los siguientes con la preposición correspondiente. ¿Qué medios de transporte aparecen en este segmento del video?

02:25 - 04:18

a. andar/montar ...... bicicleta **d.** montar .... metro **g.** ir .... avión

b. ir .... pie **e.** viajar .... tren **h.** viajar .... barco

c. viajar .... autobús **f.** montar .... caballo **i.** ir .... tranvía

6.5 Vuelve a mirar el segmento anterior y elige la opción correcta.

a. Para ir al gimnasio Lorena puede ir **a pie** / **en metro** / **en bici**.

b. Para ir a la biblioteca es mejor ir **a pie** / **en metro** / **en bici**.

c. Para llegar al centro comercial es más rápido ir **a pie** / **en metro** / **en bici**.

6.6 Indica las frases que corresponden a lo que Eli y Lorena comentan en el segmento anterior.

    a. ☐ Eli lleva poco tiempo en la ciudad.

    b. ☐ Lorena quiere encontrar un gimnasio bueno pero no muy caro.

    c. ☐ La biblioteca está un poco lejos de la casa de Lorena.

    d. ☐ No es posible ir en bici en la ciudad donde viven Lorena y Eli.

    e. ☐ El centro comercial está al sur de la ciudad.

    f. ☐ Es posible ir a pie al centro comercial desde la casa de Lorena.

6.7 En este segmento Lorena está un poco perdida y pregunta a un hombre cómo ir al centro comercial (imagen 5). Mira el segmento y ordena las palabras para formar la frase que dice.

`04:28 - 04:41`

todo / Sigue / izquierda, / segunda / recto / calle / tu / y / vas / lo / gira / la / a / y / encontrar / frente./ de / a

Sigue…

_____

6.8 Mira la imagen 6. Escribe cinco frases sobre la ubicación *(location)* de los siguientes elementos. Sigue el modelo.

    Modelo: El bazar está al lado de la farmacia.

Los elementos	La ubicación
la estatua • Lorena • la muchacha desconocida • el restaurante la farmacia • Eli • ~~el bazar~~	delante de • a la derecha de a la izquierda de • ~~al lado de~~ enfrente de • encima de

    a. ....   **d.** ....

    b. ....   **e.** ....

    c. ....

DESPUÉS DEL VIDEO

6.9 Trabaja con tu compañero/a para encontrar los elementos de la lista de la actividad 6.3 que están en el barrio de tu universidad. ¿Es un barrio interesante? ¿Por qué?

En mi barrio hay…

6.10 Comenta con tu compañero/a qué medios de transporte usas tú habitualmente para moverte en tu ciudad. ¿Cuál no usas nunca? ¿Por qué?

GRAMÁTICA

1. IRREGULAR VERBS *IR*, *SEGUIR*, *JUGAR*, AND *CONOCER*

» You have already learned some irregular verbs in Spanish. Verbs such as **hacer** and **salir** that have irregular **yo** forms, verbs that stem change such as **pedir** and **poder**, and verbs that are completely irregular like **ser**. In this next group, we have examples of each of these types. Look at the forms carefully and see if you recognize the pattern.

	IR *(to go)*	SEGUIR *(to follow, continue)*	JUGAR *(to play)*	CONOCER *(to know, be familiar with)*
yo	**voy**	s**i**go	j**ue**go	cono**zc**o
tú	**vas**	s**i**gues	j**ue**gas	conoces
usted/él/ella	**va**	s**i**gue	j**ue**ga	conoce
nosotros/as	**vamos**	seguimos	jugamos	conocemos
vosotros/as	**vais**	seguís	jugáis	conocéis
ustedes/ellos/ellas	**van**	s**i**guen	j**ue**gan	conocen

» The verb **ir** is irregular because it does not follow any pattern. It is usually followed by **a**.
   Voy *al trabajo en autobús.* I go to work by bus.
   *Nosotros **vamos** al parque para jugar al básquetbol.* We go to the park to play basketball.

» The verb **seguir** has both an irregular **yo** form and a stem change, **e ▶ i**.
   Sigo *las direcciones del mapa.* I follow the directions on the map.
   *Si **sigues** todo recto, llegas a la estación.* If you continue straight, you'll get to the station.

» The verb **jugar** is the only verb in Spanish that stem changes **u ▶ ue**. It is usually followed by **a**.
   Jugamos *a los videojuegos en casa de Rafa.* We play videogames at Rafa's house.
   *Alejandro **juega** al tenis.* Alejandro plays tennis.

» The verb **conocer** is irregular only in the **yo** form. Use **a** after **conocer** when saying you know or are acquainted with a person.
   *¿**Conoces** bien la ciudad?* Do you know the city well?
   Conozco *a muchas personas de Cuba.* I know (am acquainted with) many people from Cuba.

6.1 Completa la conversación entre Graciela y Ángel con la forma correcta de *seguir*. Comprueba las respuestas con tu compañero/a.

Graciela: No conozco muy bien este centro comercial. ¿Dónde está la zapatería que me gusta?
Ángel: Mira, está ahí. (Nosotros) (a) .... todo recto y está a la derecha.
Graciela: ¿Hay una tienda de ropa cerca también?
Ángel: Creo que sí. Pero yo tengo que ir a la librería. Entonces tú (b) .... por aquí para ir a la tienda y yo (c) .... por la izquierda para ir a la librería.
Graciela: Está bien. Cada uno (d) .... su camino y después quedamos en la parada de autobús delante del centro.

6.2

Relaciona de manera lógica los verbos con las frases que están debajo. Después, construye preguntas para entrevistar a tu compañero/a.

1. seguir ▶ ....

3. conocer ▶ ....

2. ir ▶ ....

4. jugar ▶ ....

a. tu familia a tus amigos de la universidad

b. a alguien en twitter

c. tus amigos y tú al fútbol normalmente

d. en autobús, en metro o en carro a la universidad

e. a tus vecinos

f. o paras cuando el semáforo está en amarillo

g. bien la ciudad más cerca de la universidad o necesitas un mapa

h. una dieta con muchas frutas y verduras

i. más al boliche o a las cartas

2. PREPOSITIONS *EN, A, DE*

» As you have seen, certain verbs of motion are often followed by prepositions **a**, **en**, or **de**.

– Use **en** with modes of transportation.

  *Viajamos **en** coche.* *We travel by car.*

– Use **a** to express destination.

  *Mis padres van **al** supermercado.* *My parents are going to the supermarket.*

– Use **de** to express origin or point of departure.

  *Salgo **de** mi casa a las nueve.* *I leave my house at nine o'clock.*

When **a** is followed by **el** it contracts to form **al**.

a + el = al

Remember:

Use **a** with people after the verb **conocer**.

Use **a** with sports after the verb **jugar**.

To go on vacation ▶ ir **de** vacaciones

To take a trip ▶ ir **de** viaje

6.3

Completa las oraciones con *a, al, en, de* o *del*. ¡Atención!, hay una oración que no necesita preposición. Después, usa las preguntas para entrevistar a tu compañero/a.

a. ¿Conoces .... muchos estudiantes en tu clase de español?

b. ¿Te gusta jugar .... los videojuegos en tu tiempo libre o prefieres montar .... bici?

c. ¿Vives cerca .... centro comercial más grande de tu pueblo o ciudad?

d. ¿Te gusta ir .... los partidos de fútbol americano?

e. ¿Vas .... gimnasio?

f. ¿Conoces .... la ciudad de Nueva York?

g. ¿Vas .... la universidad .... carro o .... pie?

6.4

Completa las siguientes conversaciones con los verbos y las preposiciones de la lista. Después practica las conversaciones con tu compañero/a y prepara una similar para presentar en clase.

jugamos • en • ir • a • conoces • de • voy • sigues • en • vas • vamos

a. ● ¿Cómo puedo (a) .... a la casa de tu hermano?

  ● Para ir (b) .... su casa (c) .... todo recto por la calle Real, giras a la derecha y caminas diez minutos aproximadamente. La casa está (d) .... la calle Paz. Si *(if)* vas (e) .... autobús, es mejor.

b. ● ¿(f) .... dónde es Juan?

  ● ¿(g) .... a Juan?

  ● Claro, todos los domingos (h) .... con él a jugar al tenis y en verano (i) .... de vacaciones juntos.

c. ● ¿Dónde (j) ....?

  ● Al campo de fútbol. Mis amigos y yo (k) .... al fútbol por la tarde.

3. DIRECT OBJECT PRONOUNS

» Just as we use subject pronouns to avoid repetition of names, we use direct object pronouns to refer to someone or something already mentioned.

¿Dónde compras **los boletos**?
*Where do you buy **the tickets**?* > Direct object of the sentence.

Los compro en la taquilla del metro.
*I buy **them** at the subway ticket booth.* > Direct object pronoun replaces the noun.

¿Conoces **a Pedro**?
*Do you know **Pedro**?* > Direct objects can be people or things. Remember to use **a** before direct objects that are people.

Sí, **lo** conozco de la universidad.
*Yes, I know **him** from school.* > Direct object pronouns must agree with the noun they replace.

» Here are the direct object pronouns in Spanish:

me	nos
te	os
lo / la	los / las

» In Spanish, direct object pronouns are placed before the conjugated verbs.

Uso **la computadora** todos los días. ▶ **La** uso todos los días.
Pongo **el mapa** en la mochila. ▶ **Lo** pongo en la mochila.
Llamo **a mis amigas** por teléfono. ▶ **Las** llamo por teléfono.

6.5 Relaciona cada descripción con el medio de transporte que le corresponde. Después, prepara descripciones para los medios que no las tienen y compártelas con tu compañero/a.

Modelo: E1: Lo necesitamos cuando el autobús no llega. ¿Qué es?
E2: El taxi.

1. Lo usamos para viajar por el mar Mediterráneo.
2. Muchos jóvenes la usan para no gastar gasolina.
3. Los estudiantes los toman para ir a la escuela.
4. Mi hermano la usa porque es más rápida que la bici.
5. Los usan las personas que viven en las ciudades.
6. Lo usa la gente que tiene que viajar largas distancias en poco tiempo.
7. ¿…?
8. ¿…?
9. ¿…?

a. el tren
b. la moto
c. el barco
d. la bicicleta
e. los autobuses
f. el carro
g. el metro y el taxi
h. el avión
i. el taxi

6.6 Escucha las siguientes conversaciones y señala de qué hablan.

(58)

Conversación a	Conversación b	Conversación c	Conversación d
☐ unos zapatos	☐ una colonia	☐ unas revistas	☐ unas papas
☐ unas botas	☐ un perfume	☐ unos periódicos	☐ unas plantas
		☐ unos libros	☐ unos tomates

6.7 Identifica los siguientes establecimientos y personas según tus preferencias. Después, pregúntale a tu compañero/a si los conoce también. Añade más información para continuar la conversación.

> **Modelo:** tu restaurante favorito
> E1: Mi restaurante favorito es El Quijote. ¿Lo conoces?
> E2: Sí, lo conozco. / No, no lo conozco.
> E1: ¿Y te gusta?
> E2: ...

a. tu museo favorito   **d.** tu supermercado favorito   **g.** tu deportista favorito

b. tu actriz favorita   **e.** tu tienda de ropa favorita   **h.** tu profesor/a favorito/a

c. tu ciudad favorita   **f.** tu parque favorito   **i.** tu película favorita

4. ADVERBS OF QUANTITY

» Adverbs of quantity tell how much something is done.

demasiado *too much*	Luis trabaja **demasiado**.
mucho *very much, a lot*	Ana viaja **mucho**.
bastante *enough*	Pedro estudia **bastante**.
poco *very little, not much*	Rosa estudia **poco**.

» **Muy** can be used to intensify how an action is done (adverb) and a description (adjective).
*Olivia habla **muy** bien.* *Olivia speaks very well.*
*Es **muy** inteligente.* *She is very intelligent.*

» **Mucho**, when used after a verb, means *very much* or *a lot*. Before a noun, **mucho** expresses quantity and functions as an adjective. Note that, as an adjective, **mucho** must agree with the noun in number and gender.

Adverb: *Juana come **mucho**.* *Juana eats a lot.*
Adjective: *Juana come **muchas palomitas**.* *Juana eats a lot of popcorn.*
*Creo que compras **muchos zapatos**.* *I think you buy a lot of (many) shoes.*

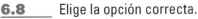

6.8 Elige la opción correcta.

a. Mi hermano nunca *(never)* va al gimnasio. No le gusta **poco / mucho** hacer deporte.

b. Jaime come **demasiado / poco**: solo una ensalada para comer y fruta para cenar.

c. Todos los días leo el periódico y una revista. Leo **poco / bastante**.

d. Mi padre trabaja doce horas al día. Trabaja **demasiado / bastante**.

6.9 Clasifica las palabras según se usen con *muy* o *mucho/a* y escribe un ejemplo para cada una. Compara tus frases con un compañero/a. ¿Están de acuerdo?

	Muy	Mucho/a
a. guapa		
b. sueño		
c. frío		
d. trabajador		
e. divertido		
f. paciencia		
g. simpática		
h. alegría		

VIDEOCLASES
11 y 12

1. COMPRENSIÓN DE LECTURA

6.1 Juan Carlos es de Santiago de Chile y Ana de Madrid, pero viven en Barcelona y Ciudad de México, respectivamente. Observa las fotos y lee los correos que se escriben. Después, elige las dos imágenes de los transportes que se mencionan y la ciudad a la que pertenecen.

6.2 Lee los correos otra vez y elige las palabras clave (conocidas o no) de los textos.

 **ESTRATEGIA**

Identifying keywords

A keyword is a word that serves as the key to the meaning of a sentence or passage. Skim the text to determine the focus of the reading. Then skim the text again by sections and identify the targeted information or keywords. Try to guess the meaning of unfamiliar keywords. Is it a cognate? Is it similar to another word you know in Spanish? Is it part of a word family you recognize?

●●● Asunto: ¡Ya estoy en Ciudad de México!

| De: Ana | Para: Juan Carlos |

Hola, Juan Carlos. ¿Cómo estás?
Yo estoy muy contenta en Ciudad de México. Es una ciudad muy bonita y muy grande. Vivo muy lejos de mi trabajo y todos los días tomo varios autobuses.
Aquí hay muchos medios de transporte: el metro, el tren ligero, el metrobús, el trolebús, el microbús, los camiones y el ecobús, un transporte menos contaminante.
Pero lo más extraño para mí son unos autobuses rosas, solo para mujeres. Pertenecen al "Programa Atenea", y son gratis para las mujeres embarazadas y las de la tercera edad. ¡Qué curioso!, ¿verdad?
Y tú, ¿qué tal en Barcelona? ¿Y en el hospital?
Un abrazo, Ana

●●● Asunto: RE: ¡Ya estoy en Ciudad de México!

| De: Juan Carlos | Para: Ana |

¡Hola, Ana!
¡Qué curioso el Programa Atenea! Aquí en Barcelona no hay nada similar...
Yo voy al hospital en bicicleta. En Barcelona no tenemos ecobús, pero sí tenemos Bicing, es un medio de transporte público que permite ir por la ciudad en bicicleta. ¡Es genial! No contamina y además es bastante económico. Hay muchas estaciones Bicing por toda la ciudad, la mayoría está muy cerca de las estaciones de metro, de tren y de los aparcamientos públicos.
Increíble, ¿no? ¡Yo practicando deporte!
Bueno, Ana, me despido ya, que me voy al hospital.
Un beso, Juan Carlos

6.3 Lee las siguientes afirmaciones y di a qué ciudad pertenecen, según la información de los correos.

	Ciudad
a. El ecobús es uno de los transportes menos contaminantes de la ciudad.	México
b. No existe el Programa Atenea ni nada similar.	Guatemala
c. Hay muchas estaciones de Bicing por toda la ciudad.	Guatemala
d. Hay autobuses solo para mujeres.	México

6.4 ¿Hay alguna palabra clave que todavía no entiendes?

2. EXPRESIÓN ESCRITA

6.5 Lee la información sobre las siguientes personas. Piensa en los lugares de tu ciudad o región que les pueden interesar. Prepara una lista.

Elena y Diego
"Nos encanta la aventura y la naturaleza. Siempre vamos de vacaciones a lugares con muchos árboles, flores, ríos y lagos".

Daniela
"A mí me encanta tomar el sol y descansar".

Macarena
"Prefiero visitar ciudades y lugares donde puedo aprender sobre la historia y la cultura de esa región".

Enrique y Marta
"Estamos muy enamorados y queremos un lugar especial y romántico".

6.6 Escribe un correo a una de las personas anteriores explicándole qué hay en tu ciudad o pueblo que le va a gustar.

 ESTRATEGIA

Persuasion

Give specific information and concrete examples to persuade your readers. Think about the necessary information beforehand and organize it in a way that is easy for you to reference as you write. Creating a chart with categories such as **lugar**, **descripción (qué hay)**, **actividades**, and **opiniones** will help you create a stronger argument.

3. INTERACCIÓN ORAL

6.7 Cuéntale a tu compañero/a qué lugar de los siguientes es el mejor para ti y explícale por qué.

Para las vacaciones... ¡elige tu destino favorito!

a. Teotihuacán es una zona arqueológica a cuarenta kilómetros de la capital. Tiene muchos restos arqueológicos y puedes aprender mucho sobre la historia antigua de México. Hay edificios estupendos como las pirámides del Sol y la Luna.

b. Guanajuato es un lugar romántico, donde las leyendas y la tradición son los ingredientes principales. Tiene calles tranquilas para caminar durante horas y restaurantes muy íntimos.

c. En Playa del Carmen hay hermosas playas, con aguas de color turquesa del mar Caribe. Puedes descansar y tomar el sol mientras escuchas el relajante sonido del mar.

d. En Chihuahua, las Barrancas del Cobre son un gran espectáculo. Hay grandes montañas y puedes admirar paisajes fantásticos además de observar la naturaleza. Es posible viajar en tren, a caballo, en bicicleta, a pie o en kayak. En la ciudad, la catedral es una de las más importantes del norte de México.

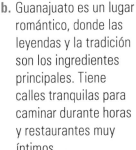  

 ESTRATEGIA

Seeking feedback

As you practice with a partner, seek his or her feedback to correct errors you have made and to improve your overall performance. Remember to use correct intonation and to pronounce words clearly.

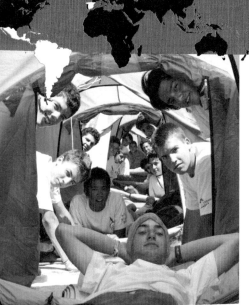

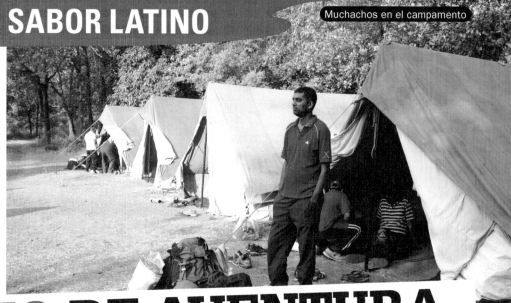

Muchachos en el campamento

TURISMO DE AVENTURA

La Ruta Quetzal es un viaje de España a América Latina. En la ruta participan trescientos cincuenta jóvenes de cincuenta países. En América Latina estudian historia y cultura. ¿Te interesa? Descubre **cómo ser monitor y** vive la aventura de tu vida.

LA RUTA QUETZAL, ¿QUÉ ES?

La Ruta Quetzal es una expedición de España a América Latina en la que participan más de trescientos muchachos y muchachas de dieciséis y diecisiete años de todo el mundo. El viaje se hace en barco desde España y, al llegar al país de destino, se estudian aspectos de su naturaleza, historia o geografía.

Este viaje combina el intercambio* cultural y la aventura. Desde su creación, más de nueve mil jóvenes de todo el mundo han viajado y descubierto la geografía, cultura, historia y sociedad de más de veintinueve países o zonas geográficas de toda América Latina.

> ¿Has participado* alguna vez en una expedición, aventura o intercambio cultural? ¿En qué tipo de expedición te gustaría participar?

HISTORIA DE LA RUTA

En 1979, el entonces Rey* de España Juan Carlos I pidió al reportero y aventurero Miguel de la Quadra-Salcedo la creación de un programa de intercambio cultural entre los países de habla hispana.

«El mensaje* estaba claro», dice De la Quadra-Salcedo, «los jóvenes participantes debían aprender y reflexionar sobre el pasado, sobre la historia de los países de América Latina, y también sobre el futuro desde un punto de vista antropológico y medioambiental*».

La expedición es, desde 1990, un programa cultural declarado de Interés Universal por la Unesco.

> ¿Qué crees que aportan* los intercambios culturales de este tipo? ¿Por qué?

CUBA

«Yo trabajé de monitor en la ruta que siguió los pasos de Cristóbal Colón en su segundo viaje, en 1493», dice Federico Pérez.

«Viajamos desde las islas Canarias, España, hacia Puerto Rico y República Dominicana. Después visitamos Cuba. En La Habana comimos el congrí, un plato típico de arroz con frijoles, visitamos edificios de estilo colonial y aprendimos sobre la cultura de los taínos, los primeros habitantes de la isla».

> ¿Qué aspectos definen la identidad de un país? (Por ejemplo, la historia, la gastronomía, las costumbres sociales, etc.). ¿Por qué?

Grupo en una de sus expediciones

CÓMO SER MONITOR

Cada año, la Ruta Quetzal busca gente entre veinticuatro y veintiocho años para acompañar a los jóvenes aventureros durante su expedición. «Los monitores deben tener título universitario, licenciado, máster o doctor, y una titulación específica de socorrista* acuático y terrestre. Además, es importante tener conocimientos* sobre la cultura, historia y geografía de América Latina», dice un organizador de la ruta.

«Si te interesa la aventura, las expediciones y otras culturas, esta experiencia es para ti», dice José Pablo García Báez, exmonitor de la ruta y autor del libro *Mentores de la aventura: diario de un monitor de la Ruta Quetzal*».

¿Qué habilidades piensas que se necesitan para ser monitor de una expedición internacional?

REALIZA UNA INVESTIGACIÓN RÁPIDA PARA ENCONTRAR LOS DATOS SIGUIENTES:

a ¿Qué países visitó la expedición de la Ruta Quetzal el pasado año?

b ¿Cuántos días dura la expedición?

c ¿Qué es un quetzal?

Fuentes: Ruta Quetzal, BBVA, José Pablo García Báez, Universidad Complutense de Madrid y entrevistas.

REPÚBLICA DOMINICANA Y PUERTO RICO

Marta Velázquez, monitora de la ruta, dice: «Yo participé en la ruta cuando tenía dieciséis años. Fue una gran experiencia. Durante mi primera expedición visitamos las montañas de República Dominicana para conmemorar el quinto centenario de la Carta de Jamaica, un documento que escribió Cristóbal Colón en 1503, durante su cuarto viaje al Caribe.

Colón buscaba el «paraíso» y pensaba que este estaba en las montañas próximas a Santo Domingo, capital de República Dominicana. En aquella época, la isla se llamaba La Española.

Después fuimos en barco hasta el puerto de Mayagüez, en la isla de Puerto Rico. Allí visitamos el observatorio astronómico de Arecibo, recorrimos la montaña del Yunque dentro del Parque Nacional de Estados Unidos… En fin, la experiencia me gustó mucho y me convertí en monitora de la expedición. He visitado varios países latinoamericanos desde entonces».

Ilustración de los colonizadores españoles en Cuba

¿Has visitado algún país latinoamericano? ¿Te gustaría visitar América Latina? ¿Qué países te gustaría visitar? ¿Por qué?

GLOSARIO

aportan – (they) bring

me convertí – (I) became

el entonces Rey – the then king

el intercambio – exchange

medioambiental – environmental

el mensaje – message

has participado – have you ever taken part

pensaba – (he) thought

el quinto centenario –500th anniversary

recorrimos – (we) went all over

el socorrista – first responder

tener conocimientos

– to have some knowledge

VOCES LATINAS

Turismo de aventura

EN RESUMEN

¿QUÉ HAS APRENDIDO?

Situación

Recados y conversaciones

You are out and about the city running errands, doing some window shopping, and stopping to talk to people.

LEARNING OUTCOMES

	ACTION

Get around in a city

6.1 Tienes una lista de cosas para hacer hoy por la ciudad, pero solo puedes leer el nombre de las tiendas y no qué tienes que hacer o comprar allí. Completa la lista de manera lógica.

librería   estación de metro   tienda de ropa   pastelería

buscar ▶

comprar ▶

Ask for and give directions

6.2 Hay muchos turistas hoy en el centro y necesitan tu ayuda. Haz turnos con tu compañero/a para hacer el papel de turista y usa el mapa para indicarle cómo puede ir a los diferentes lugares. Practiquen con las expresiones para pedir y dar información.

Estudiante A:
a. centro comercial
b. hospital
c. museo

Estudiante B:
a. cine
b. supermercado
c. parque

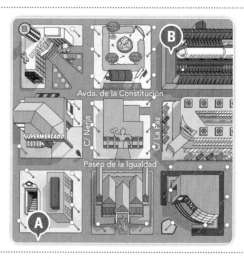

Describe where things are located

6.3 Al pasar por unos escaparates *(shop windows)* ves algunas cosas que te gustan y decides entrar a comprarlas. Explica al dependiente dónde están situadas esas cosas. Después, comparte tus descripciones con tu compañero/a. ¿Son similares?

Talk about means of transportation

6.4 Ahora estás en la parada de autobús para volver a casa, pero el autobús no llega. Mientras esperas, hablas con una de las personas que también esperan sobre los medios de transporte de la ciudad: cómo son, cuáles prefieres, por qué, etc.

LISTA DE VOCABULARIO

Expresiones de lugar
Adverbs of place

a la derecha de to the right of
a la izquierda de to the left of
al lado de next to
cerca de close to, near
debajo de under, below
delante de in front of
dentro de inside
detrás de behind
encima de on top of
entre between
lejos de far from

Verbos Verbs

conocer to know, to be familiar with
girar to turn
hay there is, there are
ir to go
ir a pie to go on foot
ir de vacaciones to go on vacation
ir de viaje to go on a trip
jugar to play
seguir to follow, to continue

Medios de transporte
Means of transportation

el autobús bus
el avión airplane
el barco ship
el metro subway
la moto motorcycle
el taxi taxi
el tren train

Descripciones Descriptions

barato/a inexpensive
caro/a expensive
cómodo/a comfortable
contaminante contaminant, pollutant
ecológico/a ecological
incómodo/a uncomfortable
lento/a slow
peligroso/a dangerous
rápido/a fast
seguro/a safe, certain

Establecimientos de la
ciudad. Places in the city

el banco bank
el centro comercial shopping center, mall
el cine movie theater
la estación de metro subway station

la estación de tren train station
la farmacia pharmacy
el gimnasio gym
el hospital hospital
el hotel hotel
la librería bookstore
el museo museum
la panadería bread shop
la parada de autobús bus stop
la pastelería bakery
el supermercado supermarket
el teatro theater
la tienda de ropa clothing store
la zapatería shoe store

Preposiciones Prepositions

a, al to, to the (masculine)
de, del from, from the (masculine)
en on

Adverbios de cantidad
Adverbs of quantity

bastante enough
demasiado too much
mucho very much, a lot
muy very
poco very little, not much

7

¿QUÉ TIEMPO VA A HACER?

Hablamos de…	Vocabulario y comunicación	¡En vivo!	Gramática	Destrezas	Sabor latino	En resumen
• Las excursiones	• **El tiempo atmosférico:** Describing and talking about the weather • **Las estaciones del año:** Making comparisons	• **Episodio 7 Treinta grados:** Focusing attention on the task	• *Ir a* + infinitive • *Hay que, tener que*, and *deber* + infinitive	• **Un fin de semana diferente** – **Comprensión de lectura:** Recognizing synonyms – **Expresión escrita:** Using transition words – **Interacción oral:** Interacting with the speaker	• **El cambio climático**	• **Situación:** Planes y proyectos • Vocabulario
	Pronunciación					
	• Word stress and the written accent					

Descanso frente a un glaciar, Chile

- ¿Dónde están los muchachos? ¿Conoces ese lugar?
- ¿Te gusta más la lluvia o la nieve?
- ¿Qué te gusta hacer cuando hay nieve? ¿Y lluvia?

LEARNING OUTCOMES

By the end of this unit, you will be able to:

- Express obligation, needs, and give advice
- Make plans about what you are going to do and when
- Talk about the weather and the seasons

7.1 Observa la imagen de estas personas que están de excursión en la Patagonia, Chile. Después, responde las preguntas basándote en lo que ves o puedes deducir de la imagen. Compara tus respuestas con tu compañero/a.

a. ¿Cuántas personas hay en la foto?

b. ¿Crees que son amigos, familia…?

c. ¿Qué hacen?

d. ¿Qué ropa llevan?

e. ¿Qué crees que llevan en las mochilas?

f. ¿Por qué están allí?

7.2 Lee la conversación entre Pedro y su compañero de cuarto en la residencia y completa con las palabras del cuadro. Después, escucha y comprueba.

frío • cien dólares • celular • pronto • gorro
comida • visitar • viaje • siete • montaña

Pedro: ¡Hola, Luis!
Luis: Hola, Pedro, ¿qué tal las clases en la universidad?
Pedro: Pues, bien, como siempre.
Luis: Y ese papel, ¿qué es?
Pedro: Ah, es para el (a) .... de fin de curso. Vamos todos los compañeros de clase, ¿quieres venir?
Luis: ¡Sí! ¿Y adónde van, Pedro?
Pedro: Pues, vamos a (b) .... la Patagonia chilena.
Luis: Muy bien. Y, ¿qué necesitamos?
Pedro: El panfleto dice que tenemos que llevar (c) .... y bebidas para una semana.
Luis: Y en la (d) .... normalmente hace

(e) .... Yo creo que debemos llevar ropa para el frío, como un parka, los guantes y el (f) ....
Pedro: Tienes razón, Luis. También quiero hacer fotos para mi blog.
Luis: Bueno, podemos usar mi (g) ...., que hace buenas fotos.
Pedro: ¡Fenomenal! Muchas gracias.
Luis: ¿Cuánto hay que pagar por la excursión?
Pedro: Pues (h) .... más el vuelo. ¡Ah! El vuelo es el veinticuatro de junio a las (i) .... de la mañana.
Luis: Entonces, esa noche tenemos que acostarnos (j) ....

7.3 Relaciona las frases de las dos columnas para completar las oraciones. Compara tus respuestas con un/a compañero/a.

1. Para hacer el viaje…
2. Luis dice que en la montaña hace frío y que
3. El panfleto dice que todos los estudiantes
4. El vuelo es a las siete de la mañana, por eso

a. tienen que llevar comida y bebidas.
b. tienen que ir a dormir pronto el viernes.
c. deben llevar parka, guantes y gorro.
d. hay que pagar cien dólares.

7.4 Con la información que ya tienes después de leer la conversación, contesta otra vez las preguntas de la actividad 7.1.

7.5 Con tu compañero/a, contesten las siguientes preguntas.

a. ¿Hacen viajes con sus compañeros de clase o con sus amigos?
b. ¿Qué lugares visitan habitualmente?
c. ¿Son lugares de costa o de montaña?
d. ¿Dónde van a ir la próxima vez?

7.6 En grupos de tres, preparen una excursión al Parque Provincial Aconcagua. Usen las imágenes y completen cada uno su lista de las cosas que necesitan. Después, intercambien sus listas según el modelo.

Modelo: E1: ¿Qué ropa vas a llevar?
E2: Voy a llevar… ¿Y tú?
E3: …

- ¿Qué ropa vas a llevar?
- ¿Y qué comida?
- ¿Cuál es el equipo necesario?
- ¿Algo más?

El verbo **llevar** significa *to wear or to carry, take along.*

APUNTES: Excursiones en el Aconcagua (Argentina)

✓ El Aconcagua es la montaña más alta de América del Sur y uno de los mayores atractivos de los Andes para los escaladores *(climbers)*. En la zona de Mendoza existen múltiples compañías que organizan caminatas de uno o más días por la zona.

✓ Estas caminatas incluyen porteadores *(porters)* para el equipo, todas las comidas, guía de montaña, etc.

✓ Una de las más populares es la caminata de 3 días y 2 noches hasta Plaza Francia.

✓ Durante el día las temperaturas en el campamento base son de 30 °C en verano y de 10 °C en invierno. Hace más frío por la noche: a veces bajan hasta -20 °C en verano.

VOCABULARIO Y COMUNICACIÓN

1.A VOCABULARIO: EL TIEMPO ATMOSFÉRICO

7.1 Con tu compañero/a, relacionen estas palabras con su imagen correspondiente. Hay dos palabras para cada imagen.

calor • frío • sol • viento • lluvia • nieve

7.2 Mira el cuadro y comprueba tus respuestas anteriores.

Hace...

calor / frío	sol	buen tiempo	mal tiempo
It's hot. / It's cold.	*It's sunny.*	*The weather is good.*	*The weather is bad.*

Hay...

nieve	niebla	tormenta
There's snow. (It's snowy.)	*There's fog. (It's foggy.)*	*There's a storm. (It's stormy.)*

Está nublado.
It's cloudy.

Llueve mucho.
It rains a lot.

Nieva mucho.
It snows a lot.

Hace / hay mucho viento.
It's windy. / There'a a lot of wind.

7.3 Relaciona las palabras con su definición. Después, comprueba las respuestas con tu compañero/a.

1. inestable	**a.** Nubes, sin sol.
2. bajo cero	**b.** El ruido que se escucha durante una tormenta.
3. el relámpago	**c.** Mucho calor.
4. el trueno	**d.** Tiempo con lluvia, viento, sol, nubes…
5. caluroso/a	**e.** Agua helada *(frozen)*.
6. el hielo	**f.** El rayo de luz *(light)* que sale durante una tormenta.
7. nublado	**g.** Temperatura menos de cero grados.
8. templado	**h.** Temperatura agradable, ni frío ni mucho calor.

7.4 Completa los espacios en blanco con una palabra de la actividad 7.3.

a. En verano el tiempo es ....

b. En Tierra del Fuego están .... porque está cerca de Antártica.

c. ¿Los ves? Hay muchos .... con esta tormenta.

d. No puedo dormir con todos estos ....

e. En esta época el tiempo es muy .... Hoy llueve y mañana hace sol.

f. Debes llevar un paraguas *(umbrella)* porque el cielo *(sky)* está ....

g. El clima de esta región es .... No hace ni frío ni calor.

7.5 Formen grupos de cuatro. Elige una imagen y descríbela. Tus compañeros tienen que adivinar de qué imagen se trata.

Use **muy** before adjectives and adverbs:
- Hace **muy** buen tiempo.

Use **mucho**, **mucha**, **muchos**, **muchas** before nouns:
- Hace **mucho** calor.

Use **mucho** after the verb:
- Llueve **mucho**.

To convert degrees Celsius to Fahrenheit:

1. Multiply Celsius temperature by 1.8.

2. Add 32.

20 °C x 1.8 = 36 + 32 = 68 °F

» Para describir el tiempo atmosférico se usa:

Hace calor, sol, frío, viento / aire, buen tiempo, mal tiempo…
Llueve / Está lloviendo.
Nieva / Está nevando.
Hay tormenta, truenos, relámpagos, niebla, nubes…
Está nublado, despejado *(clear)*…
La temperatura es alta, baja, de treinta y dos grados…
El clima / tiempo es frío, templado, seco, húmedo, estable, inestable…

» Los verbos *llover* y *nevar* solo se usan con el verbo en **tercera persona de singular**.

» Para hablar del tiempo atmosférico puedes usar estas expresiones:

¡Qué frío / calor (hace)! *It's so cold / hot!*
¡Qué frío / calor **tengo**! *I'm so cold / hot!*
¿Tienes frío / calor? *Are you cold / hot?*
Hace mucho (muchísimo) frío / calor. *It's (really) very cold / hot.*
¡Cuánto llueve! *It's really raining!*
¿Qué día / tiempo **hace**? *What's the day / weather like?*
Hace un día muy bueno / malo. *It's a nice / bad day.*
Estamos a veinte grados. *It's twenty degrees.*
No hace nada de frío / calor. *It's not cold / hot at all.*

7.6 Completa los espacios en blanco con el verbo correcto.

a. Mañana voy a la playa porque .... calor.

b. En esta época .... nieve en la montaña.

c. Cerca de la costa .... nublado.

d. Hoy necesito el paraguas porque ....

e. Es difícil jugar al tenis cuando .... viento.

7.7 Completa las siguientes oraciones para explicar qué haces en estas situaciones. Después, haz turnos para intercambiar la información con un/a compañero/a.

a. Cuando llueve, yo…

b. Cuando hace mal tiempo, yo…

c. Cuando está nevando, yo…

d. Cuando hace mucho calor, prefiero…

e. Cuando hay niebla, no puedo…

f. Cuando hace mucho sol, me gusta…

7.8 Con tu compañero/a, describan el tiempo que hace en su región en estas fechas. ¿Qué ropa llevan normalmente cuando hace ese tiempo?

a. hoy   **c.** noviembre   **e.** febrero

b. julio   **d.** abril   **f.** mayo

La ropa: Unidad 3

Modelo: E1: En agosto hace mucho calor.
E2: Hay que llevar pantalones cortos y una camiseta.

Otras palabras útiles:
gorro *knitted hat*
parka / anorak *down/ski jacket*
guantes *gloves*
chanclas *flip-flops*
impermeable *raincoat*
lentes de sol *sunglasses*
paraguas *umbrella*

7.9 Escucha el informe del tiempo en Argentina. Después, escribe la letra del símbolo correcto que falta en el mapa, de acuerdo con el informe. ¡Atención! No tienen que usarse ni todas las casillas *(boxes)*, ni todos los símbolos.

a. lluvia   **e.** calor

b. nieve   **f.** nublado

c. viento   **g.** sol

d. tormenta   **h.** frío

7.10 ¿Qué tiempo hace? Pregúntale a tu compañero/a qué tiempo hace en las ciudades de tu tarjeta y completa la información.

Modelo: ¿Qué tiempo hace en...?

Estudiante A:

Sevilla   Buenos Aires
Londres   Roma
Caracas   Oslo
Ciudad de México   Barcelona

Estudiante B:
Barcelona   Ciudad de México
Oslo   Caracas
Roma   Londres
Buenos Aires   Sevilla

7.11 Relaciona las estaciones del año con su imagen correspondiente. Escoge la mejor opción según tus conocimientos hasta el momento.

la primavera • el verano • el otoño • el invierno

7.12 Clasifica los meses del año en su estación correspondiente según el clima de tu país.

| enero | marzo | mayo | julio | septiembre | noviembre |
| febrero | abril | junio | agosto | octubre | diciembre |

Primavera	Verano	Otoño	Invierno

7.13 Escucha y completa con las palabras que faltan. ¿A qué estación del año se refiere cada descripción?

61

a. Es especialmente duro en la zona .... e interior, con temperaturas bajo cero y .... frecuente. También son habituales otros fenómenos como el ...., la............. o el hielo. En el sur es más suave.

b. Es bastante inestable. Hace ...., frío, viento, pero también .... mucho y a veces .... Es una época perfecta para ver el campo verde y lleno de flores. Las temperaturas varían entre los quince y los veinticinco ....

c. Es un periodo muy caluroso, especialmente en el sur y el interior. Hace muy .... tiempo con temperaturas entre los treinta y cinco y los cuarenta grados. También son frecuentes las ...., con rayos y truenos.

d. Normalmente hace ...., pero no demasiado. .... bastante y también nieva, especialmente en el .... Además, son frecuentes las nieblas. Las temperaturas están entre los cinco y los veinte grados.

7.14

Vas a escuchar a un uruguayo explicar el clima de su país. Antes de escuchar y completar las oraciones, habla con tu compañero/a sobre estas cuestiones:

Antes de escuchar:
¿Cómo creen ustedes que es el clima en Uruguay?
¿Cuántas estaciones del año creen que hay?

Después de escuchar:
a. El clima de Uruguay es ....
b. En verano la temperatura es de ....
c. Los meses de verano son ....
d. En invierno la temperatura es de ....
e. Los meses de invierno son ....
f. La primavera es ....

7.15

Asocia las estaciones del año con palabras significativas para ti y explica el porqué. Comparte tus sensaciones con tus compañeros en grupos de tres. ¿Qué tienen en común?

Modelo: Mi estación preferida es el invierno, yo asocio el invierno con una taza de chocolate caliente, porque, en mi casa, mi abuela siempre lo prepara cuando nieva.

Primavera	Verano	Otoño	Invierno
			chocolate caliente

7.16

En muchos países hispanohablantes la gente habla mucho del tiempo. Con un/a compañero/a, lean la conversación que transcurre en un elevador y elijan la opción correcta. Después, preparen una conversación típica que transcurre en un elevador de su país o región. ¿Cómo varían?

● Buenas tardes, ¿a qué piso va?
● Al quinto.
● ¡Qué calor hace hoy!, ¿verdad?
● ¡Uf! Sí, es verdad, yo vengo de viaje y no puedo más…

● Es que aquí en verano ya se sabe... treinta y cinco, cuarenta grados como poco...
● Sí, sí... Insoportable.
● Bueno, pues nada, buenas tardes.
● Adiós, hasta luego.

a. Una de las personas necesita información sobre el tiempo para salir de viaje.
b. Las personas hablan del tiempo para mantener una conversación durante el trayecto en el elevador.
c. Las personas se saludan e intercambian sus experiencias sobre el tiempo atmosférico.

» Para comparar objetos, personas o acciones, puedes usar:

– **más** + nombre / adjetivo / adverbio + **que** *more than*
En México hace **más** sol **que** en Chile.

– **menos** + nombre / adjetivo / adverbio + **que** *less than*
El campo es **menos** caluroso **que** la ciudad.

– **tanto/a/os/as** + nombre + **como** *equal to*
En Ushuaia (Argentina) hay tanto viento como en Punta Arenas (Chile).

– **tan** + adjetivo / adverbio + **como** *equal to*
En Bogotá llueve tan frecuentemente como en Buenos Aires.

– verbo + **más que / menos que / tanto como**…
En Quito llueve **más que** en Lima.   En Portillo, Chile, nieva **tanto como** en Aspen, Colorado.

7.17 ___ Haz comparaciones entre los elementos siguiendo las indicaciones entre paréntesis.

Modelo: norte / llover / sur (+)
En el norte llueve más que en el sur.

a. mi ciudad / calor / tu ciudad (=) ....

b. verano / mucho sol / invierno (+) ....

c. interior del país / hacer viento / costa (-) ....

d. clima / mi país / cálido / tu país (=) ....

e otoño / lluvioso / invierno (+) ....

7.18 ___ Escucha esta conversación telefónica entre dos mexicanos que hablan de sus ciudades, Puerto Vallarta y Guanajuato. Después, relaciona la ciudad (o ciudades) con la descripción.

	En Guanajuato	En Puerto Vallarta	En las dos
a. Llueve allí más en verano.	☐	☐	☐
b. Hace mucho calor ahora.	☐	☐	☐
c. Hay más contrastes entre las estaciones.	☐	☐	☐
d. Allí el calor es más seco.	☐	☐	☐
e. La temperatura es menos agradable en el centro de la ciudad.	☐	☐	☐

Guanajuato, México

Puerto Vallarta, México

7.19 Con tu compañero/a, comparen el clima y las estaciones de una de estas ciudades con los de su país o región. ¿En qué se parecen? ¿En qué se diferencian?

> Modelo: Pues en mi país / región, en verano hace más / menos calor que / tanto calor como en Guanajuato.

7.20 Con tu compañero/a, busquen información en Internet sobre el clima de un país de América Latina y sus estaciones. Tomen notas sobre los siguientes aspectos:

a. país y capital ....
b. ubicación (location) ....
c. montañas y ríos ....
d. estaciones ....

e. clima ....
f. contrastes y comparaciones entre ciudades, norte / sur, este / oeste ....
g. actividades al aire libre ....

7.21 Expongan el clima del país que han elegido en la actividad anterior y respondan a las posibles preguntas de sus compañeros. Usen ayudas visuales como mapas y fotos para hacer la presentación más interesante.

PRONUNCIACIÓN

WORD STRESS AND THE WRITTEN ACCENT

» All words in Spanish have a syllable that is pronounced with more stress than the other syllables in the word. For most words, the stressed syllable is the second to the last syllable.

» In some cases, a written accent is needed to identify the stressed syllable. You will learn more about these later. For now, you should know to pronounce the syllable marked with an accent more strongly.

pe-rro	**ca**-sa	ar-**ma**-rio	as-pi-ra-**do**-ra
ár-bol	ja-**rrón**	bo-**lí**-gra-fo	fe-rro-ca-**rril**

7.1 Con tu compañero/a, y por turnos, lean en voz alta las siguientes palabras marcando en la pronunciación la sílaba acentuada.

a. jarrón   b. cuaderno   c. estantería   d. español   e. planta   f. silla

g. hermano   h. maleta   i. ratón   j. números   k. lámpara   l. portátil

7.2 ¿Qué otras palabras has aprendido con acentos escritos? Enuméralas y compara tu lista con la de tu compañero/a.

Treinta grados

①
②
③

7.1 Relaciona las siguientes frases con las imágenes 1 a 4.

a. ☐ ¡Hombres! Siempre igual... Voy a darles una pequeña lección.

b. ☐ ¡Qué calor! ¡No es normal este calor en esta época del año!

c. ☐ ¡Me encanta el básquetbol! ¿Puedo jugar?

d. ☐ ¡Bah! ¡Eso no es calor! En mi país, durante el verano, la gente no puede salir a la calle. ¡Si sales a la calle, te mueres!

7.2 Ordena las seis imágenes cronológicamente. Basa el orden en lo que crees que puede ocurrir. Usa tu imaginación. Después, compara las respuestas con tu compañero/a.

☐ imagen 1   ☐ imagen 2   ☐ imagen 3   ☐ imagen 4   ☐ imagen 5   ☐ imagen 6

7.3 Mira el segmento y ordena estas frases en el orden en que las dicen los personajes. Después, compara las respuestas con tu compañero/a.

`00:45 - 03:25`

☐ ¿Imposible? Pues es verdad. ¡El clima de mi país es muy extremo! ¡En verano hace mucho calor y, en invierno, siempre hay viento y nieve!

☐ En mi país hace mucho más calor. No podemos comparar este calor con el que hay en mi país.

☐ En tu país no hace más calor que aquí en verano, seguro. A veces llegamos a los cuarenta grados...

☐ Estamos a treinta grados centígrados.

☐ ¡Que sí! ¡Que sí! Durante el invierno cae mucha nieve, hay terribles tormentas, hace mucho viento y el cielo siempre está nublado.

☐ No te creo...

☐ Hoy parece que estamos en verano.

☐ Pues a nosotros, en verano, nos sale humo por las orejas.

☐ Sí, y es otoño... ¿Qué temperatura tenemos?

⚙ ESTRATEGIA

Focusing attention on the task
Before you watch the episode, look through the questions and types of activities you will be asked to complete. Knowing what to focus your attention on will improve your comprehension and ability to complete the task.

7.4 Mira el segmento otra vez y contesta las preguntas.

a. ¿Qué ropa lleva Felipe todo el día en su país en invierno? ....

b. ¿Qué piensa Sebas de lo que dice Felipe? ....

c. ¿Cómo reacciona Sebas? ....

7.5 Relaciona cada personaje con sus frases. Compara con tu compañero/a.

1. Lorena

2. Sebas

3. Eli

4. Felipe

a. Papá dice que tienes que ir luego a casa para ayudar a organizar el garaje.

b. ¿Yo? ¡Yo ya le ayudo a lavar el carro! ¿También debo ir a organizar el garaje?

c. ¿Por qué no vas tú a ayudarle?

d. Chicos, ¿están ustedes jugando al básquetbol?

e. Yo no juego al básquetbol con chicas. Mejor se quedan acá sentadas y nos ven jugar a nosotros.

f. ¡A ver cómo juegan ustedes!

g. ¡Hombres! Siempre igual… Voy a darles una pequeña lección.

h. ¡Y no te olvides de ir luego a casa a ayudar a papá!

7.6 Elige la opción correcta.

a. Sebas está **enfadado / contento / tranquilo** porque tiene que organizar el garaje.

b. Lorena está **indiferente / entusiasmada / aburrida** porque quiere jugar al básquetbol con los muchachos.

c. Felipe piensa que las muchachas **juegan mejor al básquetbol con las muchachas / juegan mejor con los muchachos / no juegan bien**.

d. Eli está **molesta / enfadada / divertida** con lo que dicen los muchachos.

7.7 Completa las frases. Habla con tu compañero/a.

a. Tus responsabilidades en casa

Tengo que…

Debo…

b. Responsabilidades de tu familia

Mi padre/madre tiene que…

Mi padre/madre debe…

7.8 Contesta las preguntas. Habla con tu compañero/a.

Estudiante 1:

a. ¿Cómo es el tiempo en julio en tu ciudad?

b. ¿Qué planes tienes para el próximo verano?

c. ¿Qué deporte se te da bien?

Estudiante 2:

a. ¿Cómo es el tiempo en enero en tu ciudad?

b. ¿Qué planes tienes para las próximas vacaciones?

c. ¿Qué deporte se te da mal?

DESPUÉS DEL VIDEO

GRAMÁTICA

1. *IR A* + INFINITIVE

» **Ir a** + infinitive is used to talk about future plans and what you are going to do.

*Hace mucho frío. Creo que **va a nevar**.* *It's very cold. I think it's going to snow.*
*Esta tarde **voy a ver** la película Frozen.* *This afternoon, I am going to watch the movie Frozen.*

yo	**voy**	
tú	**vas**	
usted/él/ella	**va**	+ **a** + infinitive
nosotros/as	**vamos**	
vosotros/as	**vais**	
ustedes/ellos/ellas	**van**	

Use the following time expressions to talk about the future:

hoy, **mañana**, **ahora**
esta mañana / tarde / noche / semana…
este lunes / mes / año…
la semana / el año **que viene** *(upcoming)*
la próxima *(next)* semana
el próximo jueves / invierno / año

El mes que viene voy a correr un maratón. *This month coming up, I'm going to run a marathon.*
Esta tarde voy a jugar al tenis. *This afternoon, I'm going to play tennis.*
El próximo año voy a estudiar francés. *Next year, I'm going to study French.*
Son las doce, ahora voy a comer. *It's twelve o'clock. I'm going to eat now.*

7.1 Relaciona las oraciones para describir qué va a hacer la gente en cada situación.

Modelo: Mañana es domingo. ▶ Mi familia y yo vamos a visitar a mis abuelos.

1. La próxima semana no tenemos clase.
2. Este viernes es el cumpleaños de Dani.
3. A mi padre le encanta cocinar.
4. Estoy de mal humor.
5. Julia tiene dolor de cabeza.
6. Va a hacer buen tiempo este fin de semana.

a. Va a invitar a unos amigos a casa para celebrarlo.
b. Va a tomar una aspirina.
c. El lunes, sin embargo, va a llover.
d. Esta noche va a preparar arepas de carne.
e. Vamos a ir de excursión de martes a jueves.
f. No voy a salir con mis amigos.

7.2 Aquí tienes la agenda de María para el fin de semana. La información no está muy clara, así que pregunta a tu compañero/a lo que no entiendas. ¿Qué va a hacer…?

Estudiante 1:

Viernes	Sábado	Domingo
› De 10:30 a 12:00 h, clase de baile latino	› Limpieza en casa y la compra	› ~~paraqueparquer~~ con Andrés en La Cantina
› A las 17:00 h, ~~paraqueparquer~~	› En la tarde, compras con mamá	› A las 21:00 h, cena con Marta
› Cumpleaños de Pepe	› A las 22:30 h ~~paraqueparquer~~	

Estudiante 2:

Viernes	Sábado	Domingo
› De 10:30 a 12:00 h, clase de ~~paraqueparquer~~	› Limpieza en casa y la compra	› Botana y ver partido con Andrés en La Cantina
› A las 17:00h, partido de fútbol	› En la tarde, ~~paraqueparquer~~	› A las 21:00 h, ~~paraqueparquer~~
› Cumpleaños de Pepe	› A las 22:30 h, teatro (*Pancho Villa y los niños de la bola*)	

7.3 Ahora que tienes la agenda completa, escribe qué va a hacer María el fin de semana que viene.

Modelo: María, el viernes en la mañana,…

7.4 Haz un calendario con cuatro actividades que quieres hacer la semana que viene. Después, invita a un/a compañero/a a hacer algo contigo. Si no puede ir, tu compañero/a tiene que decirte qué va a hacer. Finalmente, compartan con la clase los planes que van a hacer juntos.

Modelo: E1: ¿Quieres ver *Juego de tronos* conmigo el lunes?

E2: No puedo. El lunes voy a cenar con mi familia.

conmigo *with me*
contigo *with you*

L	M	X	J	V
E1: Ver *Juego de tronos*. E2: Cenar con mi familia.				

7.5 En grupos de tres o cuatro, hagan turnos para decir a dónde van las personas en las imágenes y qué van a hacer allí. Usen su imaginación y creatividad para continuar en cadena. Si alguno no puede continuar, tiene que empezar con una nueva imagen.

Modelo: E1: El muchacho va al parque.

E2: Va a jugar al fútbol.

E3: Después…

E1: Y también…

Alicia

Raúl y Jorge

el cocinero

la familia

la Sra. Estévez

los estudiantes

2. *HAY QUE, TENER QUE* AND *DEBER* + INFINITIVE

» To express obligation or what is necessary for all, use **hay que** + infinitive.
*Cuando hace calor **hay que llevar** ropa ligera.*
When it's hot, it's necessary to wear light clothing.
*En la clase de español **hay que hablar** español.*
In Spanish class, everyone needs to speak Spanish.

» To express obligation or what is necessary for a particular person, use
tener que + infinitive.
*Para mis exámenes **tengo que estudiar** mucho.*
I have to study a lot for my tests.
***Tienes que ser** más paciente.* *You need to be more patient.*

» To express obligation in terms of making a recommendation or giving someone advice, use **deber** + infinitive.
*Si estás muy cansado, **debes dormir** más.* *If you are very tired, you should sleep more.*
*No **debes fumar**.* *You shouldn't smoke.*

7.6 Lee el texto y busca ejemplos de frases que expresan obligación o recomendación, obligación impersonal, planes y proyectos. Clasifícalas en la columna correspondiente.

¡Qué bien, hoy es viernes! Hay que celebrar el fin de semana. Para empezar, hoy en la noche vamos a cenar en ese restaurante tan bonito junto a la playa. Después, vamos a ir al Club Musiteca un ratito, no toda la noche, claro. El sábado tenemos que levantarnos pronto, vamos a hacer una excursión a la montaña. Hay que llevar ropa cómoda y botas adecuadas para el campo. Ahora que lo pienso, tengo que buscar las mías. Creo que las tiene Ángela. Por cierto, no sé si Ángela puede venir. Debo llamarla para confirmar. El domingo voy a dormir hasta las diez, pero luego hay que estudiar un poco. Carla y yo tenemos que preparar una presentación para clase sobre nuestras actividades del fin de semana. ¡Va a ser fácil!

Obligación o recomendación	Obligación impersonal	Planes y proyectos

7.7 Elige una de las dos opciones (a o b) y pídele a tu compañero/a sus recomendaciones. Utilicen las expresiones del cuadro de la página siguiente en sus respuestas.

a. Para ir a la montaña

E1: ¿Qué necesito para ir a la montaña?

E2: Para ir a la montaña debes llevar botas.

b. Para ir a la playa

E1: ¿Qué necesito para ir a la playa?

E2: Para ir a la playa tienes que usar protector solar.

usar protector solar

tomar el sol con precaución

ir en chanclas

(No) debes…
(No) tjenes que…
(No) hay que…

llevar botas

ponerse lentes de sol

llevar dinero

llevar bocadillos

llevar una mochila

usar vasos de cristal

7.8 ¿Qué tienen que hacer las personas en las siguientes situaciones y qué no deben hacer? Comparte tus respuestas con la clase. ¿Quién ha dado las mejores recomendaciones?

Modelo: – Tu hermana necesita un teléfono celular nuevo.

– Tiene que ir a una tienda especializada.

– No debe comprar un teléfono caro.

a. ● Tu amigo tiene una cita con una muchacha que le gusta mucho.
  ● Él .... No ....

b. ● No hay comida en casa.
  ● Tú .... No ....

c. ● Tus padres vienen a visitarte y la casa está completamente desordenada.
  ● Todos .... No ....

d. ● Vamos de excursión al Gran Cañón del Colorado.
  ● Nosotros .... No ....

¡Hay que comer más fruta!

7.9 Como un proyecto de servicio a la comunidad tienen que preparar un póster de hábitos saludables para presentar a estudiantes de escuela primaria. Con un/a compañero/a, preparen una lista de cinco o seis hábitos que todos deben seguir. Después, compartan sus ideas con la clase.

VIDEOCLASES
13 y 14

1. COMPRENSIÓN DE LECTURA

7.1 Observa las diferentes actividades que puedes hacer los fines de semana. Relaciona cada imagen con una actividad de la lista.

a. escuchar música

b. practicar deporte

c. ir al cine

d. ir a la biblioteca

e. salir con amigos

f. estudiar

g. lavar el carro

h. hacer turismo

i. visitar a tu familia

j. leer

k. dormir

l. trabajar

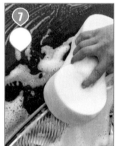     

7.2 Lee lo que hacen normalmente los fines de semana Marta, Luis y Carlos.

Un fin de semana diferente

Son las cinco de la tarde y, como todos los viernes, Marta, Luis y Carlos quedan en el campus de la universidad para planear el fin de semana. Pero esta vez va a ser diferente. No tienen mucho tiempo para salir a divertirse, porque la próxima semana tienen que hacer tres exámenes. La idea es reunirse para estudiar. Sin embargo, los jóvenes no se ponen de acuerdo, porque Carlos y Luis tienen algunas cosas que hacer. Carlos trabaja este sábado desde las nueve hasta la una y el muchacho tiene que levantarse bastante temprano.

Por su parte, Luis va a ir al dentista y, después, va a ir al supermercado. Marta es la única que tiene la mañana libre, pero quiere esperar a sus amigos porque le gusta mucho estudiar en equipo.

Además, a Marta le encantan las matemáticas y prefiere ayudar a sus compañeros. Así que los tres muchachos van a intentar verse el sábado por la tarde en la biblioteca de la universidad. Si todo va bien, el domingo van a tener tiempo para salir, después de una tarde de trabajo en equipo. ¡La unión hace la fuerza!

7.3 _____ Contesta las siguientes preguntas para confirmar que has entendido el texto.

 ESTRATEGIA

Recognizing synonyms

Most questions that check reading comprehension do not use the same words found in the text. Look for words and expressions in the text that are similar in meaning to the words in the questions. If you can recognize synonyms, you will be able to locate the correct answer in the text.

a. ¿Qué hacen los muchachos habitualmente los viernes por la tarde?
b. ¿Cuál es su objetivo?
c. ¿Crees que es fácil ponerse de acuerdo para reunirse? ¿Por qué?
d. ¿Madruga Carlos el sábado? ¿Por qué? ¿Qué tiene que hacer?
e. ¿Cuál de los muchachos debe hacer la compra?
f. ¿Qué van a hacer finalmente el sábado y el domingo?

2. EXPRESIÓN ESCRITA

7.4 _____ Completa la tabla con las cosas que Marta, Luis y Carlos tienen que hacer.

	Marta	Luis	Carlos
El sábado por la mañana			
El sábado por la tarde			

7.5 _____ Escribe un texto sobre tu fin de semana. Antes, para ayudarte a organizar el texto, puedes hacer una lista con tus planes y otra con las cosas que tienes que hacer.

Planes	Obligaciones

 ESTRATEGIA

Using transition words

As you write, use transition words to list a series of activities or actions. Words such as _en primer lugar, en segundo lugar, seguidamente, a continuación, por último_, and _finalmente_ will help you arrange the content in a logical sequence.

3. INTERACCIÓN ORAL

7.6 _____ En grupos de tres, hablen sobre qué actividades hacen normalmente los fines de semana.

 ESTRATEGIA

Interacting with the speaker

To be a respectful partner follow these rules of conversation: take turns, don't interrupt your partner and connect what you want to say with what has been said to you. In a conversation, speakers often express agreement or disagreement.

EL CAMBIO CLIMÁTICO

Ciudades iluminadas en el Cono Sur

Sequías , temperaturas altas y supertormentas. Estas son algunas de las consecuencias del cambio climático en América Latina. El Cono Sur tiene una gran biodiversidad pero ahora está en peligro.

EL MUNDO NECESITA LOS RECURSOS NATURALES DEL CONO SUR

Argentina, Uruguay, Paraguay y Chile tienen muchísimos recursos naturales: agua, tierra cultivable, petróleo, energías solar y eólica*, madera, minerales, metales, gas, carbón... Millones de personas viven de ellos. «Si estos recursos disminuyen, las poblaciones van a sufrir», dice Erik Fernández, asesor sobre cambio climático.

EL CONO SUR

El Cono Sur, desde un punto de vista* geopolítico, está formado por Argentina, Uruguay y Chile. A veces también incluye Paraguay, por su proximidad geográfica con estos países.

«El cono tiene elementos geográficos importantes», dice Alessandra Colace, geóloga, «quizás los más importantes de América Latina en cuanto a* recursos naturales».

Efectivamente, en el Cono Sur están, por ejemplo, la cordillera* de los Andes, el desierto de Atacama, las pampas, así como* mares, montañas, cataratas, glaciares, archipiélagos, lagunas, islas...

¿Qué elementos geográficos importantes hay en tu país?

EL CAMBIO CLIMÁTICO

La Organización de las Naciones Unidas (ONU) define el cambio climático como la modificación del clima durante años debido a la actividad humana.

Las causas de este cambio son, entre otras, la quema de combustibles fósiles* y la destrucción de bosques.

«Estas actividades en países como Argentina, Chile y Uruguay, por ejemplo, nos preocupan mucho. Son países con muchos recursos naturales y es importante conservarlos o usarlos de una forma sustentable», dicen en Cambio Climático Global, el sitio web que se ocupa de estos temas desde 1997.

¿Qué otras acciones pueden causar el cambio climático?

EL CAMBIO CLIMÁTICO Y EL CONO SUR

Según el Banco Mundial, América Latina es una de las regiones más castigadas* por el cambio climático.

«En la última década la temperatura en el Cono Sur ha aumentado el doble que en el resto de regiones del mundo. Por eso, sufre huracanes más frecuentemente y disminuye la superficie cultivable», dice un representante de la organización.

Las consecuencias de este cambio climático son el crecimiento del nivel* del mar, más sequía y tormentas más frecuentes.

«Desde 1998, por ejemplo, el deshielo* de la Patagonia ha hecho crecer en un 2% el nivel del mar», dice Erik Fernández.

> **¿Qué fenómenos meteorológicos imprevistos* han sucedido últimamente en EE. UU.? ¿Crees que son debidos al cambio climático?**

Supertormenta en la Ruta 40, Argentina

EL CONO SUR, EN ACCIÓN

El Cono Sur es el grupo de países que más rápidamente ha reaccionado para disminuir el cambio climático.

Chile, por ejemplo, ha mejorado sus redes de autobús, metro y bicicleta para promover el uso del transporte público.

Argentina ha diseñado programas para la conservación de bosques.

Uruguay usa más energías renovables que hace cinco años.

> **¿Qué cosas haces a nivel personal para disminuir el cambio climático?**

REALIZA UNA INVESTIGACIÓN EN INTERNET PARA ENCONTRAR LOS SIGUIENTES DATOS:

a De Argentina, Chile, Uruguay y Paraguay, ¿cuál crees que tiene el mayor número de habitantes?

b ¿Cuáles son las ciudades más importantes en estos países?

c ¿Qué cinco elementos geográficos importantes hay en el Cono Sur?

Contaminación en la ciudad de Santiago, Chile

GLOSARIO

así como – as well as

castigadas – damaged

los combustibles fósiles – fossil fuels

la cordillera – mountain range

el deshielo – melting

en cuanto a – as far as

eólica - wind (energy)

imprevistos – unexpected

el nivel – level

el punto de vista – point of view

la sequía – drought

Fuentes: Institute of Latin American Studies, Pew Research, World Bank, BBC Worldwide, Cambio Climático Global, Procisur, United Nations.

VOCES LATINAS

Naturaleza extrema en el Cono Sur

EN RESUMEN

Situación

Planes y proyectos

You have agreed to host an international student from Colombia for a year while he studies at your university. He is very excited about his visit.

ACTION

Talk about the weather and the seasons

7.1 Jairo Escobar viene a vivir durante un año con tu familia por motivos de estudios. Recibes este primer correo electrónico de él. Escríbele sobre las diferentes estaciones del año y el tiempo que hace. Explícale el tipo de ropa que debe traer para pasar un año en la ciudad o región donde vives.

Asunto: Nos vemos la semana que viene

De: Jairo   Para:

¡Hola! ¿Cómo estás?
La próxima semana voy a Estados Unidos a verte. Tengo muchas ganas de ir para conocer dónde vives, pasear por las calles, ver museos y visitar zonas turísticas. Pero tengo una pregunta: ¿qué tiempo hace ahí?
Escríbeme pronto y cuéntame también dónde vamos a ir, porque tengo que hacer la maleta y no sé qué ropa llevar.
Nos vemos pronto,
Jairo

Express obligation, needs, and give advice

7.2 Jairo te manda el siguiente WhatsApp. Antes de contestar a Jairo, quieres consultar con un/a compañero/a. Habla con él/ella sobre la información que pide Jairo.

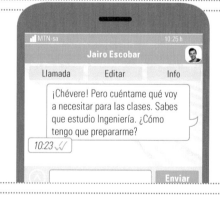

Make plans about what you are going to do and when

7.3 Jairo va a pasar una semana contigo antes de empezar las clases. Te llama por Skype y te pregunta sobre los planes que tienes para esa primera semana. Cuéntale las excursiones y actividades que vas a hacer con él durante esa semana y coméntale tus planes. Haz turnos con un/a compañero/a para hacer el papel de Jairo. Recuerden que a Jairo le gusta hacer muchas preguntas.

LISTA DE VOCABULARIO

Verbos Verbs

deber should / must
decir to say
ir de excursión to go on an excursion or an outing
lavar to wash
llevar to take, to carry, to wear
pagar to pay
traer to bring
venir to come

El tiempo atmosférico The weather

bajo cero below zero
está nublado it is cloudy
grados degrees
hace buen tiempo the weather is nice
hace calor it is hot
hace frío it is cold
hace mal tiempo the weather is bad
hace sol it is sunny
hace viento it is windy
el hielo ice
llueve (llover o>ue) it is raining
la lluvia rain
la niebla fog
nieva it is snowing
la nieve snow
el relámpago lightning

la temperatura temperature
la tormenta storm
el trueno thunder

Las estaciones del año
Seasons of the year

el invierno winter
el otoño autumn or fall
la primavera spring
el verano summer

Descripciones Descriptions

caluroso/a hot
inestable unstable
templado temperate, mild

Expresiones temporales
Expressions of time

ahora now
hoy today
mañana tomorrow, morning
próximo/a next
que viene upcoming, next

La ropa Clothes

las chanclas flip flops
el gorro knitted hat
los guantes gloves
el impermeable raincoat
las lentes de sol sunglasses
el paraguas umbrella
el parka ski jacket

Palabras y expresiones útiles
Useful words and expressions

¡Cuánto llueve! It's really raining!
Hace mucho frío / calor. It's very cold / hot.
Estamos a veinte grados. It's twenty degrees.
Hace muchísimo frío / calor. It's really very cold / hot.
Hace un día muy bueno / malo. It's a nice / bad day.
No hace nada de frío / calor. It's not at all cold / hot.
¡Qué frío hace! It's so cold!
¡Qué calor! It's so hot!
¡Qué frío / calor tengo! I'm so cold / hot!
¿Qué día / tiempo hace? What's the day / weather like?
¿Tienes frío / calor? Are you cold / hot?

8

LO PASÉ MUY BIEN

Hablamos de…	Vocabulario y comunicación	¡En vivo!	Gramática	Destrezas	Sabor latino	En resumen
• Las vacaciones	• **Antes de viajar:** Expressing needs and preferences • **Los viajes:** Describing an event in the past **Pronunciación** • Las palabras agudas	• **Episodio 8 De nuevo juntos:** Focusing on key information	• Preterit of regular verbs • Expressions used with the preterit	• **La ruta del lobo perdido** – **Comprensión de lectura:** Using semantic maps – **Expresión escrita:** Peer editing – **Interacción oral:** Turn-taking	• **Colombia y Panamá: la alianza hombre-naturaleza**	• **Situación:** ¿Eres un buen agente de viajes? • Vocabulario

Hace buen tiempo para ir de excursión.

- ¿Dónde están las personas de la foto? ¿Qué hacen?
- Y a ti, ¿qué destino te gusta más: playa, montaña o ciudad?
- ¿Haces alguna actividad como pintar o andar en la montaña en tus vacaciones?

LEARNING OUTCOMES

By the end of this unit, you will be able to:

- Talk about past vacations
- Express past experiences and when they took place
- Describe how you felt about past events

8.1 Observa la imagen de Sonia y responde las preguntas según lo que se pueda ver o intuir en la imagen.

a. ¿Qué tiempo hace?

b. ¿Dónde está?

c. ¿Qué hace?

d. ¿Crees que lo pasa bien o mal?

e. ¿Qué ropa lleva?

f. ¿Quién crees que tomó la foto?

8.2 Lee la conversación entre Ramón y Carolina para deducir de qué están hablando. Después, completa la conversación con las palabras de la lista.

comí • pasaste • ~~visitamos~~ • monté • visité
viajaste • conocí • jugué • nadé • pasé

Ramón: Mira esta foto. ¿Te gusta?
Carolina: ¡Qué playa tan bonita! ¿Adónde (a) viajaste el verano pasado?
Ramón: Sonia, su hermano y yo (b) visitamos República Dominicana.
Carolina: ¿Y qué tal lo (c) pasaste?
Ramón: Muy bien. (d) _____ mucho tiempo en la playa y (e) nadé en aguas cristalinas.
Carolina: ¿Y qué más?
Ramón: Pues (f) visité el casco antiguo de

Santo Domingo, subí a un barco, (g) _____ en una moto acuática, (h) comí mucho pescado y marisco, y (i) jugué al voleibol de playa con Sonia y su hermano. ¡Ah!, también (j) conocí a mucha gente. La verdad es que República Dominicana es un lugar inolvidable.
Carolina: ¡Qué bien! Quiero ir el verano que viene.
Ramón: Pues te lo vas a pasar fenomenal también.

8.3 Ahora, escucha y comprueba tus respuestas.

 64

8.4 En grupos de tres, comparen sus respuestas. ¿Conocen República Dominicana u otras playas del Caribe? Comenten qué lugares de habla hispana conocen.

Lugares que conozco	Lugares que conocen mi compañeros/as

8.5 ¿Qué actividades de vacaciones menciona Ramón en la conversación? Escribe una frase debajo de cada imagen, como en el ejemplo.

Visité el casco antiguo de la ciudad.

tomé un barco navegamos en el mar

moto acuática

comierón el pescado

nadaron en la playa/lagua

jugaron el voleibol

Caminaron con su amigos.

nadó en piscina

8.6 Observa el siguiente cuadro. Forma frases con las palabras de cada columna. Fíjate en las formas verbales que aparecen en la conversación de la actividad 8.2 para conjugar los verbos.

Verbo	Preposición	Sustantivo
nadar	en	una moto acuática
visitar	--	aguas cristalinas
subir	a	mucho pescado
montar	en	un barco
comer	un.	voleibol de playa
jugar	al	el casco antiguo

Climborgo
to rille

8.7 Haz una lista de cinco actividades que hiciste *(you did)* en tus últimas vacaciones de verano. Una de ellas debe ser falsa.

8.8 Comparte las frases con tu compañero/a. Deben intentar descubrir qué actividad de su compañero/a es la falsa.

📋 APUNTES: Los destinos turísticos preferidos por los colombianos

✓ Miami es el destino turístico preferido en la actualidad por los colombianos. Su clima, sus playas y la posibilidad de hacer compras son las causas principales de esta preferencia.

✓ En viajes al extranjero, Roma es la nueva ciudad favorita de los colombianos, debido a su riqueza histórica y artística.

✓ Dentro de Colombia, Cartagena de Indias es el destino preferido por su inmensa riqueza histórica y arquitectónica.

✓ Las islas del Rosario son la estrella para aquellos que quieren conocer las maravillas acuáticas del mar Caribe, así como Playa Blanca, el paraíso para los que quieren unas vacaciones tranquilas para recuperar la paz y la serenidad.

1.A VOCABULARIO: ANTES DE VIAJAR

8.1 _____ Relaciona las frases con las imágenes.

5-7
1.6   6.3
2.4
3.2
4.5

1. **a** Preparar la maleta.
2. **c** Comprar el billete de avión.
3. **e** Tomar un taxi al aeropuerto.
4. **d** Consultar blogs sobre las experiencias de otra gente.
5. **f** Reservar habitación en el hotel.
6. **b** Buscar _(look for)_ un destino interesante en Internet.

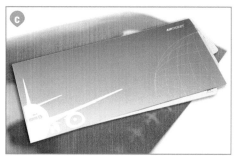

boleto = billete, pasaje

1. bus

8.2 _____ Ordena cronológicamente qué hizo Isabel antes de irse de vacaciones.

a. ☐ Preparó la maleta.
b. ☐ Compró el billete de avión.
c. ☐ Consultó blogs sobre las experiencias de otra gente.
d. ☐ Reservó habitación en el hotel.
e. ☐ Tomó un taxi al aeropuerto.
f. ☐ Buscó un destino interesante en Internet.

8.3 Escucha y completa los espacios en blanco con las palabras que faltan.

a. _traje_ de baño
b. caña de _pescar_
c. saco de _dormir_
d. toalla de _playas_
e. protector _solar_
f. _tienda_ de campaña
g. _lámpara_
h. lentes de _sol_
i. _binoculares_
j. _sombrilla_
k. _impermeable_
l. _cámara_ digital

lentes de sol = gafas de sol

8.4 ¿Cómo se preparan tu familia y tú para las vacaciones? Contesta las preguntas y después, en grupos de cuatro, intercambien la información. ¿Coinciden?

a. En tu familia, ¿quién decide dónde van a ir de vacaciones? ¿Todos? ¿Tus padres? ¿Tú?

b. ¿Buscan información en Internet sobre el lugar o hablan con otras personas?

c. ¿Compran los boletos y reservan el hotel por Internet?

d. ¿Qué haces tú antes de viajar? ¿Preparas tu maleta?

e. ¿Llevas normalmente una maleta grande, una maleta pequeña o solo una mochila?

f. ¿Qué cosas llevas siempre cuando vas de vacaciones?

Modelo: En mi familia, todos decidimos dónde vamos a ir de vacaciones...

QUERER	PREFERIR
qui**e**ro	pref**i**ero
qui**e**res	pref**i**eres
qui**e**re	pref**i**ere
queremos	preferimos
queréis	preferís
qui**e**ren	pref**i**eren

» Los verbos **querer** y **preferir** sirven para expresar deseos y pueden ir acompañados de un **infinitivo** o de un **sustantivo** *(noun)*.
  – **Querer** + infinitivo / sustantivo
    Quiero ir a esquiar este invierno.
    Quiero un lugar tranquilo para mis vacaciones.
  – **Preferir** + infinitivo / sustantivo
    Yo **prefiero hacer** submarinismo.
    Mis amigos **prefieren la playa** a la montaña.

» El verbo **necesitar** se usa para hablar de las cosas que son necesarias. También puede ir acompañado de un **infinitivo** o un **sustantivo**.
  ● *Para viajar a la playa, **necesito llevar** un libro para leer y no aburrirme.*
  ● *Sí, y **necesitas crema** para protegerte del sol.*

8.5 Elena (E) y Fran (F) quieren ir de vacaciones. Escucha la conversación y selecciona las actividades que quiere hacer cada uno.

66

	E	F
a. practicar submarinismo	☑	☑
b. ir a conciertos	☐	☑
c. salir de noche	☐	☑
d. pasear por las calles	☐	☑
e. conocer a mucha gente	☐	☑
f. ver un parque natural	☑	☐
g. estar en contacto con la naturaleza	☑	☐
h. ir a la playa	☑	☑
i. visitar museos	☐	☑

(handwritten notes in margin):
practicas dims
go to concerts
Walk in the street
to know a lot of people
go to the park
be in nature
go to the beach
visit museum

8.6 Estos son tres folletos turísticos de tres destinos diferentes en España. Con tu compañero/a, léanlos, observen las imágenes y decidan qué destino es mejor para Fran y Elena según sus preferencias.

¡Disfruta de tus vacaciones en un entorno natural!

¿Quieres disfrutar de unos días de descanso en plena naturaleza?
¿Prefieres las playas grandes o las calas *(cove)*? En Cabo de Gata hay playas grandes para disfrutar del mar, del sol y pasear, además de pequeñas calas de fina arena. ¿Quieres practicar submarinismo? Cabo de Gata te ofrece la oportunidad de explorar su maravilloso fondo marino.
¡Ven y repetirás!

La alegría del Mediterráneo

¿Quieres pasar unas vacaciones en una ciudad maravillosa a orillas del mar Mediterráneo? Entonces, tu destino es Málaga, Andalucía.
Si te gustan la playa y el mar, la ciudad te ofrece las bonitas playas de La Malagueta y La Caleta donde nadar y disfrutar del aire libre. Pero si prefieres un turismo más cultural, puedes visitar la casa del pintor malagueño Pablo Ruiz Picasso y el Museo Picasso de Málaga, entre otros. También puedes disfrutar de un buen espectáculo de flamenco y de su gastronomía.

El encanto del norte

¿Quieres conocer el paisaje del norte de España?
San Sebastián, en el País Vasco, es una ciudad con muchas posibilidades de ocio y tiempo libre, y a la vez una ciudad tranquila y agradable. Tiene varias playas; la más conocida es La Concha, una de las más famosas de España.

Si prefieres ir a los numerosos espectáculos de la ciudad o disfrutar de su gastronomía, la ciudad cuenta con una amplia oferta cultural, entre otros, varios festivales de cine y música. Los más famosos son el Festival Internacional de Cine y el Festival de Jazz.
Y si además te gusta la buena comida, ven al barrio viejo de la ciudad y disfruta de sus famosos "pintxos", la tapa típica de esta ciudad.

8.7 Comparen con otros compañeros el destino que han elegido para Elena y Fran y expliquen por qué.

> Modelo: E1: ¿Es Málaga el destino ideal para Elena?
>
> E2: Sí, porque Elena quiere ir a la playa...
>
> E3: No, no lo es. Elena prefiere pasar sus vacaciones en un lugar tranquilo...

8.8 ¿Qué necesitan Elena y Fran para viajar? Con tu compañero/a, miren las imágenes y preparen una lista de cosas necesarias para cada uno, según el destino elegido anteriormente. Pueden añadir otras cosas que no están en las imágenes.

> Modelo: Para ir a..., Elena necesita...

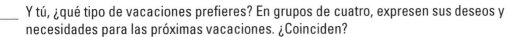

8.9 Y tú, ¿qué tipo de vacaciones prefieres? En grupos de cuatro, expresen sus deseos y necesidades para las próximas vacaciones. ¿Coinciden?

8.10 El año pasado, Silvia fue a esquiar con sus compañeros a Bariloche, Argentina. Después escribió a su amigo Miguel para hablarle sobre su viaje. Lee su correo electrónico y complétalo con las palabras correctas del cuadro.

bañamos • bajaron • escuché • patinaron • esquié • inolvidable
tranquilo • avión • genial • mucho

Asunto: Mi viaje a Bariloche

De: silviaromero@email.com   Para: miguel22@email.com

Querido Miguel:
El invierno pasado yo (a) .... en Bariloche. ¡Lo pasé (b) ....! Viajé con todos mis compañeros del curso. El viaje en (c) .... fue largo, pero muy (d) ....
(e) .... mi mp4 todo el tiempo. Nos alojamos *(stayed)* en un hotel muy bonito que nos gustó (f) .... Todos hicimos algo diferente.
Laura y Sandra (g) .... sobre hielo y Manuel y Sergio (h) .... por las pistas *(slopes)* en snowboard. Por la tarde, nos (i) .... en la piscina del hotel. En fin, un viaje (j) .... Aquí te mando unas fotos.
Un beso,
Silvia

¡Qué bien nos lo pasamos!   Nuestro hotel en Bariloche, ¡un paraíso!

8.11 Escucha a Jorge hablar sobre sus vacaciones. Indica qué imágenes corresponden a su viaje.

8.12 Con tu compañero/a, usen las imágenes que han seleccionado en la actividad anterior y escriban cinco frases sobre el viaje de Jorge a Cuba. Utilicen los verbos del cuadro.

viajó • llevó • fue a • visitó • se alojó en • le gustó • lo pasó…

Modelo: Jorge viajó a Cuba…

8.13 Con tu compañero/a, sustituyan las imágenes con la palabra o expresión adecuada que representa. ¡Atención! Puede haber más de una posibilidad. Usen su imaginación. Después, hagan turnos para leer en voz alta lo que hizo Lucía el verano pasado.

El verano pasado Lucía viajó a  en  con sus

. Fue un viaje porque visitó la capital, Ciudad de México,

una de las ciudades más  del mundo. Le  el Zócalo,

la segunda plaza más grande del mundo. También habló  con mucha

gente y ¡todos lo entendieron! Se alojó en un  moderno en el Paseo

de la Reforma. Reservó la  por . Se lo pasó

, pero al regreso perdió su .

Use **encantar** to say you really liked something.

- Me **encantó** visitar el parque nacional. *I loved visiting the national park.*

» Para valorar acontecimientos del pasado:

- ¿**Qué tal** tus vacaciones del año pasado? *How was your vacation last year?*
- **Lo / La pasé fenomenal / genial / muy bien / bien / regular / mal / muy mal / fatal**. *I had a (an)… fantastic / awesome / very good / good / not so good / bad / very bad / awful… time.*
- ¿Montaste en una moto acuática? *Did you ride a jet ski?*
- **Sí, me gustó mucho / bastante**. *Yes, I liked it… a lot / quite a lot.*
- **No, no me gustó mucho / demasiado / nada**. *No, I didn't like it… a lot / too much / at all.*

- ¿Qué tal tu viaje a México? *How was your trip to Mexico?*
- **Fue muy divertido / interesante / bonito / aburrido**. *It was… a lot of fun / interesting / beautiful / boring.*

8.14 Lee las siguientes oraciones y escoge la opción correcta.

1. Visité el centro comercial nuevo de mi barrio y me gustó ....
   a. regular
   b. bastante
   c. nada

2. La fiesta de Marcos .... porque no tocaron música moderna.
   a. no me gustó
   b. lo pasé muy bien
   c. me gustó

3. El libro que leí la semana pasada me gustó mucho. Fue ....
   a. un rollo
   b. muy divertido
   c. muy bien

4. En la excursión a la montaña lo pasé .... y me divertí mucho.
   a. fatal
   b. bastante
   c. fenomenal

5. Llegué tarde al cine y la película no me gustó ....
   a. mal
   b. fenomenal
   c. mucho

6. El partido de fútbol de ayer fue .... ¡No pasó nada, ningún equipo metió gol!
   a. interesante
   b. un rollo
   c. muy mal

8.15 Escucha estas conversaciones sobre las vacaciones de verano. Anota las expresiones que usan para describirlas y escríbelas en la columna adecuada.

Conversación	➕ Positivas	➖ Negativas
a		
b		
c		

8.16 Vuelve a escuchar la conversación. ¿Dónde pasó cada uno sus vacaciones?

a. ....   b. ....   c. ....

8.17 Responde las siguientes preguntas sobre tus últimas vacaciones. Después, en grupos de cuatro, hagan turnos para preguntar y responder las preguntas.

- **a.** ¿Dónde pasaste tus vacaciones el verano pasado?
- **b.** ¿Con quién fuiste de vacaciones?
- **c.** ¿Cómo lo pasaste?
- **d.** ¿Qué te gustó mucho?
- **e.** ¿Qué no te gustó nada?
- **f.** ¿Qué fue interesante?

PRONUNCIACIÓN

LAS PALABRAS AGUDAS

» In Spanish, **palabras agudas** are words that have the stress on the last syllable.

8.1 Escucha las siguientes palabras. Fíjate en cómo el acento cae en la última sílaba de cada palabra.

a. color	**d.** pastel	**g.** almacén	**j.** café	**m.** bebé
b. camión	**e.** comí	**h.** corazón	**k.** mamá	**n.** feliz
c. ratón	**f.** reloj	**i.** amor	**l.** salí	**ñ.** azul

8.2 Clasifica las palabras de la actividad 8.1 en su columna correspondiente.

A. Con tilde	B. Sin tilde
camión	color

De nuevo juntos

ANTES DEL VIDEO

8.1 Con tu compañero/a, miren las imágenes y contesten las preguntas.

a. ¿Dónde están los amigos? ¿Qué hacen? ¿Qué van a comer?

b. Observen las imágenes 3 y 4. Describan a Juanjo y a Lorena usando una frase con *ser* y otra con *estar*.

c. Los muchachos hablan de sus vacaciones. ¿Pueden imaginar quién lo pasó bien y quién lo pasó mal?

d. ¿Con qué imagen relacionas esta frase?: *Trabajé mucho durante las vacaciones.*

e. Observa la imagen 5. ¿Qué tal lo pasan los amigos?

8.2 Mira el episodio y comprueba tus respuestas anteriores.

⚙ ESTRATEGIA

Focusing on key information
Now that you know what the characters are talking about in the episode, reading the questions before viewing each individual segment will help you focus on key information.

8.3 Mira este segmento del episodio y completa las actividades de Alfonso durante sus vacaciones.

a. .... a su familia.

b. No .... mucho.

c. .... unos días con sus amigos del colegio.

d. .... a un concierto y .... como un loco.

e. .... un día con sus padres.

8.4 Mira el segmento otra vez y completa los cuadros con las actividades de Alfonso durante las vacaciones.

DURANTE EL VIDEO

¿Dónde fue?	¿Con quién fue?	¿Cómo lo pasó?

8.5 Mira el siguiente segmento y escribe qué hizo Eli durante sus vacaciones y cómo lo pasó. ¿Qué opina Juanjo de las vacaciones de Eli?

`03:10 - 03:34`

....

....

8.6 En este segmento, Juanjo habla de sus vacaciones. Completa las actividades con los verbos que faltan y ordena las frases. ¿Cómo lo pasó Juanjo en sus vacaciones?

`03:34 - 04:20`

a. ☐ .... los platos.   d. ☐ .... mesas.

b. ☐ .... ensaladas.   e. ☐ .... en el restaurante.

c. ☐ .... comida.   Lo pasó ....

8.7 Finalmente, mira el segmento en el que Lorena habla de sus vacaciones y marca la información correcta.

`04:20 - 05:00`

a. ☐ Paseó por la ciudad.   e. ☐ Fue al cine.

b. ☐ Paseó por la ciudad con unas amigas.   f. ☐ Visitó a unas amigas.

c. ☐ Vio una exposición de fotografía. No le gustó.   g. ☐ Fue al museo.

d. ☐ Vio una exposición de fotografía. Le gustó mucho.   h. ☐ Salió a bailar.

8.8 ¿Recuerdas quién dijo estas frases?

	Alfonso	Eli	Juanjo	Lorena
a. ¿Qué bandas tocaron?	☐	☐	☐	☐
b. Bailé como un loco.	☐	☐	☐	☐
c. Los conozco desde bebecitos.	☐	☐	☐	☐
d. ¡Mira qué manos tengo!	☐	☐	☐	☐
e. ¿Ya aprendiste bien a servir una mesa, señor mesero?	☐	☐	☐	☐
f. Mis clientes no protestaron.	☐	☐	☐	☐

8.9 En grupos de cuatro, comenten las siguientes cuestiones.

a. ¿Qué vacaciones de las que cuentan los muchachos te parecen más divertidas?

b. ¿Cuáles son las peores? ¿Por qué? ¿Están ustedes todos de acuerdo?

c. ¿Lo pasaste mal alguna vez durante las vacaciones? ¿Por qué? Cuéntaselo a tus compañeros.

DESPUÉS DEL VIDEO

GRAMÁTICA

1. PRETERIT OF REGULAR VERBS

» Use the preterit tense to talk about actions that were **completed in the past**.

Yo **comí** en un restaurante con mis amigos. *I ate at a restaurant with my friends.*
Ustedes **salieron** de la casa tarde. *You left the house late.*

» To form the preterit tense of a regular verb, add the preterit endings to the stem of the verb.

	VIAJAR	COMER	VIVIR
yo	viaj**é**	com**í**	viv**í**
tú	viaj**aste**	com**iste**	viv**iste**
usted/él/ella	viaj**ó**	com**ió**	viv**ió**
nosotros/as	viaj**amos**	com**imos**	viv**imos**
vosotros/as	viaj**asteis**	com**isteis**	viv**isteis**
ustedes/ellos/ellas	viaj**aron**	com**ieron**	viv**ieron**

VER
vi
viste
vio
vimos
visteis
vieron

» Except for **ver**, all regular verbs have accent marks in the **yo** and the **usted/él/ella** forms. Notice how they affect pronunciation.

Jorge **viajó** a Colombia. *Jorge traveled to Colombia.*
Vio muchas estatuas de Botero. *He/She saw many of Botero's statues.*
Comí mucho pescado. *I ate a lot of fish.*

Plaza de las Esculturas en Medellín, Colombia

8.1 Antes de planear sus vacaciones, Carlos buscó la historia de Ibiza en Internet. Completa el artículo con la forma correcta de los verbos en el pretérito.

Ibiza

Ibiza es una de las islas más conocidas del Mediterráneo por ser el lugar de vacaciones de muchos turistas europeos. Los primeros visitantes de la isla (a) ~~empezaron~~ (empezar) a llegar en los años 50, y allí (b) ~~descubrieron~~ (descubrir) una atractiva ciudad, un bello entorno natural y unas playas tranquilas de arenas blancas. Su fama (c) ~~extendió~~ (extenderse) internacionalmente. En los años 60 y 70 su economía (d) ~~cambió~~ (cambiar) la pesca y la agricultura por el turismo. Además de su increíble paisaje, la ciudad tiene una valiosa fortaleza con una muralla *(wall)* a su alrededor. En 1999 la Unesco (e) ~~declaró~~ (declarar) la ciudad Patrimonio de la Humanidad.

La fortaleza y la muralla de Dalt Vila

8.2 Completa las preguntas sobre Ibiza con la forma correcta de los verbos en pretérito. Después, hazle las preguntas a tu compañero/a.

a. ¿En qué época (llegar) ~~llegaron~~ los primeros turistas europeos?

b. ¿Qué (ver) ~~vieron~~ en esta ciudad?

c. ¿Cuándo (aumentar) ~~aumentó~~ el turismo?

d. ¿Cuándo (nombrar, ellos) ~~nombraron~~ a esta ciudad Patrimonio de la Humanidad?

8.3 El año pasado Alicia viajó con su familia a Perú. Combina elementos de cada columna para hacer oraciones sobre su viaje. ¡Atención! Usa la forma del pretérito para todos los verbos.

1. Yo

2. Mi hermano y yo

3. Mi hermano

4. Mis padres

- almorzar
- empezar
- enfadarse
- jugar
- llegar
- sacar
- ver

- el viaje en Cusco.
- tarde a todas las excursiones.
- a los videojuegos en el avión.
- ceviche con pescado.
- las impresionantes ruinas de Machu Picchu.
- muchas fotos.
- con nosotros cuando perdimos el autobús.

Some verbs will have a spelling change only in the **yo** form:

- empe**zar** ▶ empe**c**é, empezaste…
- almor**zar** ▶ almor**c**é, almorzaste…
- ju**gar** ▶ ju**gu**é, jugaste…
- lle**gar** ▶ lle**gu**é, llegaste…
- sa**car** ▶ sa**qué**, sacaste…
- bus**car** ▶ bus**qué**, buscaste…

Why do you think this is?

8.4 En tus últimas vacaciones visitaste un país de América del Sur. Cuéntale a tu compañero/a qué hiciste *(you did)* y él/ella tiene que adivinar qué país es.

Modelo: Recorrer *(go all over)* la fortaleza de Kuélap. ▶ Recorrí la fortaleza de Kuélap.

Estudiante 1:

- Subir a las pirámides.
- Cantar rancheras con un grupo de mariachis.
- Recorrer el desierto.
- Comer enchiladas y tacos.
- Pasar cinco días en Acapulco.
- Por supuesto, visitar la capital, la Ciudad de México.
- Celebrar el Día de Muertos en el cementerio.

Estudiante 2:

- Visitar la Casa Rosada.
- Pagar con pesos.
- Ver los glaciares de Tierra del Fuego.
- Bailar un tango cantado por Carlos Gardel.
- Asistir a una ópera en el teatro Colón.
- Visitar las cataratas de Iguazú.
- Tomar el Viejo Expreso Patagónico, un precioso tren conocido como La Trochita.

8.5 En grupos de cuatro, hagan turnos para preguntar sobre las vacaciones. Cada uno debe tomar nota de las vacaciones de un/a compañero/a.

a. ¿Dónde fuiste de vacaciones el verano pasado?

b. ¿Cómo lo pasaste?

c. ¿Qué hiciste *(did you do)*?

d. ¿Qué viste?

e. ¿Descubriste algo interesante? ¿El qué?

f. ¿Compraste algo interesante? ¿Qué?

8.6 Toma unos minutos para organizar tus notas sobre el viaje de tu compañero/a. Después, preséntalo a la clase.

Y tú, ¿dónde viajaste el verano pasado?

2. EXPRESSIONS USED WITH THE PRETERIT

» The preterit is often used with expressions that pinpoint a particular occasion or a specific point in time.

ayer *yesterday*

ayer por la mañana / tarde *yesterday morning / afternoon*
> *Ayer por la mañana, caminé a la escuela.* Yesterday morning, I walked to school.

anoche *last night*
> *Anoche, visité a mi abuela.* Last night, I visited my grandmother.

el mes / año pasado *last month / year*
> *El año pasado, descubrí Puerto Rico.* Last year, I discovered Puerto Rico.

el otro día *the other day*
> *El otro día cené con mis abuelos.* The other day, I had dinner with my grandparents.

hace dos días / años *two days / years ago*
> *Hace dos años viajé a España.* Two years ago, I traveled to Spain.

en agosto / 2014 *in August / 2014*
> *Mi hermano se casó en agosto.* My brother got married in August.

8.7 Mira el muro de Ricardo en Facebook y lee los comentarios de sus amigas después de sus vacaciones en la nieve. ¿Con quién estás más de acuerdo? ¿Con Elena o con Ana?

⬤⬤⬤	Facebook

facebook   Busca personas, lugares y cosas 🔍

 Ricardo ha añadido una fotografía a su biografía
Fin de semana de esquí en Baqueira (Lleida).

Me gusta · Comentar · Compartir · Uno de noviembre, 23:25 h.

 Ana ¡Qué bonito! ¿Cuándo tomaste la foto?
Me gusta · Comentar · Compartir

 Ricardo Hace dos semanas. Decidí ir en el último momento yo solo.
Me gusta · Comentar · Compartir

 Ana ¿De verdad? ¿Por qué no me llamaste? Me encanta esquiar. El invierno pasado esquié allí también y lo pasé fenomenal.
Me gusta · Comentar · Compartir

 Elena Pues a mí no me gustó mucho. Nevó todo el tiempo. Fue un desastre. Me enfermé y no salí del hotel.
Me gusta · Comentar · Compartir

 Ana Claro, es normal. Siempre nieva mucho en enero. Tienes que ir otra vez.
Me gusta · Comentar · Compartir

 Elena No creo. Prefiero las playas de Ibiza. Busqué un hotel económico por Internet. Leí los blogs y allí pasé una semana en agosto.
Me gusta · Comentar · Compartir

 Ricardo Qué mala suerte, Elena. ¿Y qué tal el concierto anoche? Oí que fue genial.
Me gusta · Comentar · Compartir

 Ana Totalmente. ¿Verdad, Elena?
Me gusta · Comentar · Compartir

 Elena ¡Uf! Tienes que ver las fotos del concierto que subí a mi muro...
Me gusta · Comentar · Compartir

Escribe un comentario...

» Verbs whose stems end in a vowel change their endings in the **usted/él/ella** and **ustedes/ellos/ellas** forms as follow:

		Oír		Leer	
-ió ▶ **yó**		oí	oímos	leí	leímos
-ieron ▶ **yeron**		oíste	oísteis	leíste	leísteis
		oyó	**oyeron**	**leyó**	**leyeron**

Note, all forms but **ustedes/ellos/ellas** have accents.
Other verbs: **creer**, **construir**, **destruir**, **caer**…

8.8 Completa las actividades de Ricardo y sus amigas e indica cuándo ocurrieron. Compara tus respuestas con un/a compañero/a. Después, ordenen las actividades cronológicamente.

¿Cuándo?

a. Ricardo .... ir a Baqueira.
b. El viaje de Elena a Baqueira .... un desastre.
c. Ana .... en Baqueira y lo .... fenomenal.
d. Elena .... su hotel en Ibiza por Internet y .... los blogs.
e. Elena .... fotos a su muro.
f. En Baqueira, Elena .... y no .... del hotel.
g. Ricardo .... una fotografía a su biografía.
h. Ricardo .... que el concierto fue muy bueno.

8.9 Escoge cinco de las siguientes actividades relacionadas con las redes sociales e indica cuándo las hiciste *(you did)* por última vez.

Modelo: subir una foto a Instagram ▶ Ayer subí una foto a Instagram.

– mandar un wasap (WhatsApp)
– ver una emisión en directo *(streaming)*
– espiar a tu amigo/a en Facebook
– tuitear sobre las noticias
– agregar a amigos a Facebook *(friend)*
– actualizar tu estado *(status)* en Facebook
– cambiar tu foto de perfil en Facebook
– entrar en LinkedIn
– consultar TripAdvisor

PALABRAS INTERROGATIVAS
¿A quién…?
¿Qué…?
¿Por qué…?

8.10 Habla con un/a compañero/a sobre tus actividades en las redes sociales. Él/Ella va a hacerte más preguntas.

Modelo: E1: Ayer subí una foto a Instagram.
E2: ¿Qué foto subiste?
E1: Una foto con mi perro.

VIDEOCLASES
15 Y 16

1. COMPRENSIÓN DE LECTURA

8.1 Hace dos años, Adolfo fue a México de vacaciones con su empresa *(company)*. Con un/a compañero/a, ordenen las palabras en la columna de la izquierda para formular una pregunta. Después, relacionen cada pregunta con su respuesta de la columna derecha.

1. ¿viajaste / adónde?
2. ¿viajaste / cuándo?
3. ¿viajaste / quién / con?
4. ¿gustó / te / experiencia / la?
5. ¿gente / mucha / conociste a?

a. Con mi empresa.
b. Hace dos años.
c. Viajé a Sierra Nevada.
d. Sí, conocí a gente fantástica.
e. Me encantó la experiencia.

8.2 Lee la historia de Adolfo.

La ruta del lobo perdido

Hace dos años mi empresa organizó un viaje de equipo a Sierra Nevada. El primer día me enojé un poco. ¡Qué aburrido! Todo el día en el carro con mis colegas y mis jefes. Pero cuando llegamos a la casa rural, rápidamente cambié de opinión. "¡Qué padre!", pensé cuando vi aquel lugar. Nos alojamos en una casa antigua para turistas, en un pueblo rodeado de montañas y bosques. Mi habitación me gustó mucho porque estaba separada del resto de la casa. ¡Dormí en un antiguo **establo** convertido en dormitorio!

Al segundo día conocí a cuatro colegas nuevos, un grupo de otro departamento, fue genial. Lo más increíble es que nos permitieron hacer una excursión por el bosque sin guía. Decidimos hacer "la ruta del **lobo perdido**", una excursión muy famosa. Dicen que en el Bosque del Lobo Perdido hay un fantasma de un perro que se perdió hace muchos años. Cuenta la leyenda que su **amo**, un turista del norte, lo abandonó y el perro, desesperado, buscó durante años a su amo y se convirtió en lobo para sobrevivir en aquel **entorno** hostil. Un día, un cazador lo **mató** y desde entonces el lobo sale todas las noches para **vengarse** del turista que lo abandonó y del cazador que lo mató.

Comenzamos nuestra excursión por la mañana y caminamos durante dos horas hasta llegar a la cima de una montaña. Allí comimos y descansamos. Todos hablamos de nuestras vidas en la ciudad, de nuestro trabajo y de nuestras cosas; allí empezamos a conocernos mejor.

Después de un largo rato miré el reloj: "¡Oh, no!", dije yo, "son las siete de la tarde y tenemos que volver a la casa". Iniciamos nuestro **regreso**. Caminamos durante una hora. Pasó otra hora y empezamos a preocuparnos. "Oigan, muchachos, creo que nos hemos perdido, este camino es diferente al de antes", dije yo. "No creo", respondió Elena, "por la noche los bosques tienen otro aspecto".

De repente, escuchamos ruidos lejanos y nos **asustamos** un poco. Unos minutos después, oímos un **aullido**. Continuamos, caminamos media hora más y volvimos a escuchar el ruido; esta vez un **ladrido** más cerca. Volvimos a escuchar ladridos. Un **arbusto** se movió y todos **gritamos** a la vez. Un instante después vimos una luz y oímos: "Ron, ¿qué haces? ¡Ven aquí!". La luz se **acercó** y vi a mi jefe con una linterna y con su perro Ron. "Vamos, muchachos, que es muy tarde, ¿se perdieron? Yo salí a buscar a Ron, creo que se **peleó** con otro perro en el bosque. ¡Qué extraño!, en los bosques no hay perros", dijo mi jefe. Nadie pronunció una sola palabra.

 ESTRATEGIA

Using semantic maps

Use diagrams and semantic maps to show the relationship between words to learn new vocabulary. Try to group words that are unfamiliar with words that are similar in meaning or are somehow related. For example, what do the following words from the text have in common, **lobo**, **aullido** and **ladrido**?

8.3 ____ Responde las siguientes preguntas.

1. Adolfo y sus colegas se alojaron…

    a. en un hotel.

    b. en un albergue.

    c. en una casa rural.

2. Lo que más le gustó a Adolfo de la casa rural fue…

    a. su entorno.

    b. su habitación.

    c. el clima.

3. Cuando llegaron a la cima de la montaña…

    a. comieron y durmieron la siesta.

    b. descansaron media hora y continuaron su camino.

    c. comieron y charlaron de sus cosas durante mucho tiempo.

4. Adolfo y sus colegas…

    a. pasaron la noche en el bosque.

    b. se preocuparon porque por la noche es más difícil caminar por el bosque.

    c. llamaron al jefe de Adolfo para pedir ayuda.

5. La leyenda del lobo perdido…

    a. dice que hay un lobo que ataca a turistas y cazadores.

    b. asustó a Adolfo pero no a sus amigos.

    c. dice que hay un lobo que ataca a los muchachos por la noche.

2. EXPRESIÓN ESCRITA

8.4 ____ Observa las palabras marcadas en negrita *(boldface)* en el texto y busca su significado en el diccionario.

8.5 ____ Con tu compañero/a, usen estas palabras para escribir una nueva historia de misterio. Deben utilizar el máximo número posible de palabras marcadas. El título deben dejarlo en blanco.

⚙ ESTRATEGIA

Peer editing

Working with a partner should be a rewarding experience. Listen to suggestions and accept corrections as needed. Take advantage of having two creative minds work together and let your imaginations run wild.

3. INTERACCIÓN ORAL

8.6 ____ Cada pareja debe contar su historia de misterio a la clase. Los demás compañeros deben hacer tres preguntas sobre la historia de los otros y proponer un título.

8.7 ____ Después de leer todas las historias de misterio de la clase, hagan un breve debate sobre si creen en los fantasmas. El profesor puede hacer de moderador.

⚙ ESTRATEGIA

Turn-taking

In a debate or other type of discourse, it is important to respect the speaker's turn. The role of the moderator, whether it is the professor or another student, is to encourage participation and ensure proper turn-taking.

COLOMBIA Y PANAMÁ:
LA ALIANZA HOMBRE-NATURALEZA

Colombia y Panamá (América de Sur y Central)

La alianza entre el ser humano y la naturaleza es de sustento y preservación mutua. El ser humano necesita de la naturaleza para poder alimentarse y, al mismo tiempo, la naturaleza necesita del ser humano para ser preservada y para poder mantener o recuperar su equilibrio. Esta alianza hombre-naturaleza preocupa hoy a muchos debido al impacto negativo de la actuación humana sobre el ecosistema del planeta.

El Canal de Panamá

CANAL de

PROGRESO Y NATURALEZA

El Canal de Panamá mantiene una alianza natural con su entorno. Desarrolla su actividad en medio de un país lleno de biodiversidad y situado en un valle hidrográfico donde el ser humano y la naturaleza trabajan unidos.

Otro ejemplo de esta comunión hombre-naturaleza es el santuario de Las Lajas en Colombia, un bellísimo edificio perfectamente integrado en los riscos* de la cordillera de los Andes. Se suele describir como «un milagro* de Dios sobre el abismo».

¿Hay ejemplos de esta alianza hombre-naturaleza en tu país?

CIEN AÑOS DEL CANAL DE PANAMÁ

Culturas de todas partes del mundo aportaron su trabajo y talento para unir los océanos a través del istmo de Panamá. «Hoy Panamá es reflejo de ese legado multicultural de hombres y mujeres que llegaron a construir un sueño», dice el antiguo presidente del Canal, Rómulo Alberto Roux Moses. Desde su apertura en 1914, el Canal de Panamá conecta el mundo, acortando* las distancias, tiempo y costos de transporte entre los centros de producción y consumo. Hoy, el Canal de Panamá es sinónimo de conectividad, como lo reflejan las 144 rutas marítimas que cruzan la vía, llegando a 1.700 puertos en 160 países.

¿Qué sabes sobre la historia de la construcción del canal y el papel de EE. UU.?

ALIANZA GEOPOLÍTICA

¿Sabías que durante más de setenta años Panamá y Colombia formaban un solo país?

Los españoles llamaron Nueva Granada a este territorio que hoy conocemos como Colombia y Panamá. Después de su independencia de España en 1819, pasó a ser la República de Colombia hasta 1903, cuando Panamá declaró su independencia.

Durante el siglo XIX, los conflictos políticos entre las dos regiones se hacían cada vez más evidentes. Sin embargo, fue el conflicto entre Colombia y EE. UU. sobre la construcción del canal lo que rompió definitivamente la unión. El Congreso colombiano no aceptaba las condiciones impuestas* por EE. UU. para la construcción del canal en el istmo de Panamá. Los panameños, que estaban en peligro de perder el canal a favor de Nicaragua, formaron la Junta Provisional del Gobierno de Panamá, declararon su independencia y firmaron el tratado con EE. UU. para construir el canal a través de su territorio.

> **¿Crees que Colombia perdió una oportunidad histórica desde el punto de vista económico?**

EL SANTUARIO DE LAS LAJAS

El santuario de Las Lajas, en Ipiales, Colombia

El santuario de Las Lajas es un templo católico situado en Ipiales, Colombia. Está en el cañón del río Guáitara. «La capilla* original es del siglo XVIII y el resto de la edificación es del siglo XIX. El santuario es una de las siete maravillas* de Colombia por ser un edificio histórico en un lugar singular», dice la Oficina de Turismo del país.

Otra maravilla de Colombia es el Caño Cristales, catalogado como uno de los ríos más bellos del mundo por sus algas submarinas: «Las algas son de todos los colores y el río cambia de tono durante el día», dice Mario Bravo, ecoturista colombiano.

> **¿Qué maravillas recomendarías de tu país?**

REALIZA UNA INVESTIGACIÓN RÁPIDA PARA ENCONTRAR LOS DATOS SIGUIENTES:

a ¿Cuáles son las siete maravillas del mundo moderno? En tu opinión, ¿alguna de ellas representa la alianza hombre-naturaleza?

b Busca la ruta del plan original para la construccion del Canal por Nicaragua. ¿Qué diferencias hay con la del Canal de Panamá?

c ¿Cuáles son algunas de las actividades humanas que pueden perjudicar la biodiversidad?

Caño Cristales, uno de los ríos más bellos del mundo, en Colombia

GLOSARIO

acortando – shortening
la capilla – chapel
impuestas – imposed
las maravillas – wonders
el milagro – miracle
los riscos – cliffs
el sustento – sustenance

Fuentes: Unesco, Oficina de Turismo de Panamá, Oficina de Turismo de Colombia, CNN, *El Colombiano*, micanaldepanama.com/centenario/

VOCES LATINAS

El ecoturismo en Panamá y Colombia

EN RESUMEN

Situación

¿Eres un buen agente de viajes?
You are world traveler and your friends love to hear about your trips. They also rely on you for travel advice. Use your past experiences to help them.

LEARNING OUTCOMES		ACTION

Describe how you felt about past events

8.1 Un amigo quiere ir de vacaciones, pero no puede decidir adónde. Él sabe que viajas mucho y te hace varias preguntas sobre tus últimas vacaciones. Contesta sus preguntas. Después, cambia de papel con tu compañero/a.

– ¿Dónde pasaste las vacaciones?   – ¿Qué te gustó?
– ¿Con quién fuiste?   – ¿Qué no te gustó nada?
– ¿Cómo lo pasaste?   – ¿Qué fue interesante?

Express past experiences and when they took place

8.2 Cuando viajas, siempre anotas tus experiencias en el calendario de tu celular. Mira tus actividades durante la semana en la que visitaste Cartagena de Indias (u otra ciudad con playa). Escribe una entrada al blog de viajeros sobre tu experiencia.

BLOG DE VIAJEROS

5   5/08

23 llegar a ......, perder ......, acostarme temprano

24 pasear por ......, nadar en ......, comer ......, salir de noche a......

25 visitar......, ver......, conocer......, cenar......

26 otro día en la playa, montar en ......, jugar......, practicar......

27 comprar......, preparar......, encontrar......

Fecha: **1 de junio**
Estoy en casa después de mi viaje a...... Les cuento......

Talk about past vacations

8.3 Por fin tu amigo decide pasar una semana en Acapulco. Él no viaja mucho y te pregunta que cómo planeaste tu último viaje. Cuéntale las cosas que hiciste *(you did)* antes de salir.

LISTA DE VOCABULARIO

Los viajes Trips

el albergue inn, hostel
el billete / boleto ticket
el billete de avión plane ticket
los binoculares binoculars
la cámara digital digital camera
la caña de pescar fishing pole
el casco antiguo old town
la excursión tour trip, outing
el impermeable raincoat
las lentes / gafas de sol sunglasses
la linterna lantern, lamp
la maleta suitcase
la naturaleza nature
la playa beach
el protector solar sunscreen
el saco de dormir sleeping bag
la sombrilla beach umbrella
la tienda de campaña tent
la toalla de playa beach towel
el traje de baño bathing suit

Expresiones temporales
Time expressions

anoche last night
ayer yesterday
ayer por la mañana / tarde yesterday
morning / afternoon

hace dos días / años two days / years ago
el mes / año pasado last month / year
el otro día the other day

Verbos Verbs

alojar(se) to stay (at a hotel)
aumentar to grow, to increase
bajar to go down
bañarse to take a bath, to go for a swim
buscar to look for
conocer to meet, to be familiar with
crecer to grow (things), to grow up (people)
descubrir to discover
disfrutar de to enjoy
empezar to begin
enojarse to get angry
extender(se) to spread
llevar to take, to wear
montar a caballo to go horseback riding
nadar to swim
pasar tiempo to spend time
pasear to go for a walk
patinar to skate
perder(se) to lose (to get lost)
preferir to prefer
querer to want
recorrer to go all over
regresar to return
subir to go up, to get on, to climb

Las redes sociales Social media

actualizar estado to update the status
agregar a un amigo a Facebook to add a
friend on Facebook
mandar un wasap to send a whatsapp
subir una foto to upload a photo
tuitear to tweet
ver una emisión en directo to watch an
emission in streaming

Palabras y expresiones útiles
Words and useful expressions

agradable nice, pleasant
fatal awful
fenomenal fantastic
genial awesome
me gustó mucho / bastante I liked it a lot
/ quite a lot
me lo pasé bien I had a good time
muy very
no me gustó nada I didn't like it at all
practicar submarinismo to practice scuba
diving
regular not so good, okay

9

ESTUDIÉ MUCHO

Hablamos de…	Vocabulario y comunicación	¡En vivo!	Gramática	Destrezas	Sabor latino	En resumen
• Estar ocupados	• **Las noticias de prensa:** Talking about actions in the past • **Los medios de comunicación:** Talking about doing something again **Pronunciación** • Las palabras llanas	• **Episodio 9 Taxi para cuatro:** Focusing on what is being said	• Preterit of irregular verbs *ser, ir,* and *dar* • Verbs with irregular preterit stems • Long form possessives	• **Mi profesor famoso** – **Comprensión de lectura:** Using context clues – **Expresión escrita:** Selecting appropriate vocabulary – **Interacción oral:** Practicing orderly conversation	• **La nueva educación latinoame- ricana**	• **Situación:** El último día del semestre • Vocabulario

Esta muchacha estudia mucho.

- ¿Dónde está la muchacha? ¿Qué hace?
- ¿Crees que los medios de comunicación son una ventaja en la educación? ¿Tú los usas?
- ¿Para qué otras cosas usas los medios de comunicación?

LEARNING OUTCOMES

By the end of this unit, you will be able to:

- ■ Talk about actions in the past
- ■ Use expressions of time
- ■ Express ownership
- ■ Talk about newspapers and media

9.1 Estos son Sara y Ricardo, dos muchachos que van juntos a la universidad y a veces salen los fines de semana con el mismo grupo de amigos. Observa las imágenes y responde las preguntas.

a. ¿Dónde están estos muchachos?

b. ¿De qué crees que hablan? ¿De los exámenes? ¿De planes para salir?

c. ¿Con quién crees que vive la muchacha? ¿Y el muchacho?

d. ¿Cuál de ellos piensas que es más parecido a ti? ¿Por qué?

9.2 Ahora lee la conversación de Sara y Ricardo para saber de qué están hablando. Completa los espacios en blanco con las palabras de la lista. Después, compara tu respuesta con tu compañero/a. ¿Coinciden?

tengo • conocimos • hay • ayudar • gustó • quieres • levantaste
vienes • levante • preparamos • ayudamos

Ricardo: Hola, Sara. (a) *tengo* tres entradas para ir al cine esta tarde. ¿(b) *quieres* venir?

Sara: Lo siento… pero estoy muy cansada.

Ricardo: Yo, también. Esta semana tuve demasiados exámenes y fui a la biblioteca todos los días. Pero (c) *hay* que divertirse…

Sara: Sí, pero… es que esta mañana me (d) *levante* bien temprano.

Ricardo: ¿Te (e) *levantaste* temprano? Pero… ¡si hoy es sábado!

Sara: Es que tuve que (f) *gustó* a mi nueva compañera de apartamento con la mudanza. Va a vivir ahora con nosotras. Nos (g) *conocimos* la semana pasada en la universidad y le

(h) *ayudar* este apartamento y las compañeras que vivimos aquí. Y como teníamos una habitación libre…

Ricardo: ¡Ah! Qué bien, ¿y es simpática?

Sara: Sí, nos gustó a todas desde el primer momento. Y todas le (i) *ayudamos* hoy a mudarse y después (j) *preparamos* juntas el almuerzo. Oye, ¿por qué no te (k) *vienes* esta noche a tomar algo a casa y así la conoces?

Ricardo: Me encantaría pero, como te dije, tengo entradas para el cine… Si quieres nos vemos mañana y me la presentas.

Sara: Buena idea, te esperamos mañana entonces.

9.3 Escucha y comprueba tus respuestas.

(70)

9.4 ¿Quién hizo qué? Relaciona las siguientes actividades con Sara o con Ricardo y escribe una frase para cada una de ellas.

a. estudiar mucho

b. comer en casa el sábado

c. examinarse

d. comprar entradas

e. levantarse muy temprano el sábado

f. enseñar su apartamento a alguien

Ricardo estudió mucho

Ricardo comió en casa.

Ricardo compré entradas.

Sara se despierta muy temprano

Ricardo enseñé su apartamento

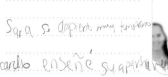

9.5 Sara y sus compañeras de apartamento preparan una lista con las tareas domésticas que hicieron la semana pasada. Relaciona cada verbo con la palabra más adecuada y escribe una frase.

Sara: la basura y la aspiradora
Ramona: los platos y la cena
Pepita: la comida y la renta
Bea: el cuarto de baño

pagar –
limpiar – clean
sacar –
lavar –
comprar – buy
pasar –
preparar – prepare

9.6 Observa estas fotos y comenta con tu compañero/a las diferencias. ¿Cuál de estas dos imágenes representa más la vida de Sara? ¿Por qué?

9.7 Con tu compañero/a, hagan turnos y pregunten qué hicieron los siguientes muchachos para ayudar en casa.

Modelo: E1: ¿Qué hizo Manuel?
E2: Lavó la ropa.

Inés y Rafa   Marta   Bea   Mateo

9.8 ¿Y tú? ¿Qué tareas domésticas realizaste la semana pasada? Coméntalo con tu compañero/a.

APUNTES: Los jóvenes que todavía viven con sus padres

✓ Los españoles dejan el hogar familiar más tarde que la media general en Europa. Casi un 40% de los jóvenes de entre 25 y 34 años vive aún con sus padres.

✓ Esto no es solo por el precio de la vivienda, sino que se debe también a factores culturales.

✓ En Estados Unidos es muy frecuente vivir con otros estudiantes cuando estás en la universidad. Solo un 14% de los jóvenes siguen viviendo con sus padres en esta época.

1.A VOCABULARIO: LAS NOTICIAS DE PRENSA

9.1 Observa los nombres para las diferentes partes de una noticia de periódico que aparecen en la lista. ¿Puedes colocarlas en su lugar correcto?

titular • entrada • cuerpo de la noticia • subtítulo

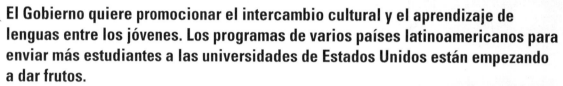

Más estudiantes latinoamericanos en universidades de EE. UU.

El Gobierno quiere promocionar el intercambio cultural y el aprendizaje de lenguas entre los jóvenes. Los programas de varios países latinoamericanos para enviar más estudiantes a las universidades de Estados Unidos están empezando a dar frutos.

Según un nuevo estudio del Instituto de Educación Internacional (IEI), hay 13.300 estudiantes de Brasil, 7.100 estudiantes de Colombia, 7.000 de Venezuela, 2.600 de Perú, 2.500 de Ecuador, 2.400 de Chile y 1.900 de Argentina.

A principios de este año México lanzó su plan "Proyecta 100.000" para aumentar drásticamente el número de sus estudiantes en universidades de Estados Unidos, Europa y otras partes del mundo, de los actuales 14.800 a 100.000 en los próximos cuatro años.

Sin embargo, el número de estudiantes de América Latina en las escuelas de educación superior estadounidenses sigue estando muy por debajo del número de estudiantes de China, India, Corea del Sur e, incluso, Vietnam. No obstante, el IEI dice que confía en que el número de estudiantes latinoamericanos en las universidades estadounidenses aumentará más rápido durante los próximos años hasta alcanzar 100.000 en el 2020.

9.2 ¿A qué parte de una noticia corresponden estas definiciones?

Parte de la noticia que...

a. presenta un resumen de la información. ....

b. desarrolla la información y aporta detalles y aspectos más completos de la noticia. ....

c. presenta la información esencial de la noticia y atrae la atención del lector. ....

d. añade algún detalle del titular pero no desarrolla la información. ....

9.3 Clasifica la información según donde aparece en el artículo.

a. Menciona la institución de donde salió la información.   entrada

b. Especifica el número de estudiantes que están estudiando en EE. UU. en la actualidad. ....

c. Identifica a qué se debe el aumento. ....

d. Indica el propósito de estos programas. ....

e. Establece el lugar de la noticia. ....

9.4 ¿Conocen alguno de estos periódicos? ¿Saben de dónde son? Búsquenlo en Internet e identifiquen de qué países son estas publicaciones.

9.5 En un periódico puedes encontrar las noticias divididas en diferentes secciones para facilitar al lector la búsqueda de información. Clasifica las siguientes noticias en la sección apropiada.

a. noticias del propio país

b. noticias sobre personajes famosos

c. noticias del mundo empresarial

d. noticias de todo el mundo

e. noticias regionales o locales

f. noticias sobre cine, teatro, música…

g. noticias deportivas

h. noticias más importantes

Secciones de un periódico	Contenidos	Secciones de un periódico	Contenidos
portada		sociedad	
internacional		cultura	
nacional		deportes	
local		economía	

9.6 Lee estos titulares y escribe a qué sección del periódico pertenece cada uno. Después, compara tus respuestas con tu compañero/a.

a. ....

EL DEPARTAMENTO DE EDUCACIÓN CONCEDERÁ BECAS A TODOS LOS UNIVERSITARIOS EL PRÓXIMO AÑO

b. ....

ISLES, EL ATLETA INGLÉS QUE ASOMBRA AL MUNDO DEL RUGBY

c. ....

ACUERDO FINANCIERO ENTRE TODOS LOS PAÍSES DEL CONO SUR

d. ....

AUMENTAN LAS POLÍTICAS SOCIALES EN ESTADOS UNIDOS

e. ....

ÉXITO TOTAL DEL FESTIVAL DE LA CANCIÓN DE VIÑA DEL MAR

» Para **relacionar dos acciones** en el pasado:

Antes de + llegar / salir… *Before doing something*   Al año / a la mañana + **siguiente**… *next*
Al cabo de + un mes / dos años… *after*   Un día / mes / año + **después**… *later*
Años / días / meses + **más tarde**… *later*

Antes de terminar la universidad, hice prácticas en un periódico.
Empecé a hacer las prácticas y **al cabo de** dos meses las terminé.
Años más tarde, me contrataron en ese periódico.
Al día siguiente, me encontré con algunos compañeros de la universidad.
Un mes después, hicimos una reunión de antiguos alumnos.

» Para expresar el **inicio** de una acción:

Desde el lunes / 2013 / marzo… *since*   Estudio español **desde** 2012.

» Para expresar la **duración** de una acción:

De… a *From… to (a point in time)*   Estudié español **de** cinco **a** ocho.
Desde… hasta *From… to (a point in time)*   Estudié español **desde** las cinco **hasta** las ocho.
Durante *For (amount of time)*   Estudié español **durante** tres horas.

» Para expresar el **final** de una acción:

Hasta (que)… *until*   Estudié español **hasta que** me gradué y viajé a Chile.

9.7 Completa las frases. Después, comparte tus respuestas con un/a compañero/a. ¿Qué tienen en común?

a. Estudio español desde HS
b. Estudio en la universidad desde 2023 hasta 2027.
c. Antes de venir a clase yo comí
d. Estudié hasta que empezó el curso.

9.8 Tu amigo no encuentra su tableta y después de leer el titular piensa que alguien se la robó. Completa el informe de sus actividades que presentó al agente de seguridad del campus e intenta descubrir dónde está su tableta.

> LA POLICÍA DICE QUE HAY QUE TENER CUIDADO CON LOS APARATOS ELECTRÓNICOS COMO CELULARES, TABLETAS Y PORTÁTILES DEBIDO A LOS ROBOS QUE SE ESTÁN PRODUCIENDO ÚLTIMAMENTE EN LA UNIVERSIDAD.

a. El lunes .... cinco .... siete estuve bebiendo refrescos con Raquel y unos amigos. Saqué el dinero de la mochila para pagar y estoy seguro de que vi la tableta.

b. Al día .... guardé la tableta en mi mochila .... salir de casa.

c. Tuve clase .... las once, y .... fui a la biblioteca.

d. .... la clase estuve hablando con Raquel .... el profesor llegó y nos dijo: "¡Hoy hay examen!". ¡Fue horrible! Abrí la mochila y saqué mi tableta para estudiar unos minutos .... empezar el examen.

e. Estuve en la biblioteca .... las cuatro .... las seis. .... una hora llegó mi amiga Raquel. ¡Raquel es tan simpática! Me acuerdo de que sacamos fotos con la tableta, pero no me acuerdo de nada más.

9.9 Con un/a compañero/a, escriban frases sobre lo que pasó en su campus estos días usando las expresiones anteriores. ¡Atención! Traten de no repetir ninguna.

lunes (9:00 h)

martes (12:00 h)

The preterit form of **hay** is **hubo**.

- La semana pasada **hubo** un accidente de tren.
Last week there was a train accident.

jueves (10:00 h)

ellos asisteron una protesta

jueves (17:00 h)

ellos viajaron a

Modelo: jueves (10:00 h)
Durante la conferencia, muchos estudiantes salieron a protestar.

sábado Yo estudié para matemáticas.

9.10 Con un/a compañero/a, hablen sobre noticias que ocurrieron ayer en su país, cuándo tuvieron lugar y cuánto duraron. Pueden usar las siguientes ideas para ayudarles a pensar en una noticia.

- un accidente
- un incendio
- una tormenta u otro evento climático
- una huelga *(strike)*

- una rueda de prensa *(press conference)* de algún político
- una entrevista con algún actor o cantante

9.11 Escribe ahora tu propia noticia para una de las siguientes imágenes. Incluye alguna de las expresiones aprendidas.

- ¿De dónde son?
- ¿Dónde están?
- ¿Cuándo?

- ¿Qué hicieron? / ¿Qué pasó?
- ¿Qué van a hacer ahora?

9.12 Mira los nombres de los diferentes medios de comunicación en español y relaciónalos con sus imágenes.

1. ☑ Internet
2. ☑ la prensa
3. ☑ la radio
4. ☑ las redes sociales
5. ☑ la televisión

9.13 Escucha un informe sobre la frecuencia con la que son usados estos medios de comunicación y responde las preguntas.

Según el informe,...

a. ¿Cuál es el medio de comunicación más utilizado? *la televisión*
b. ¿Cuál es el medio más utilizado por los jóvenes? *las redes sociales/internet*
c. ¿Cuál es el menos utilizado? — *la prensa*

9.14 Escribe palabras que asocias a estos dos medios de comunicación y, después, compáralas con tu compañero/a. ¿Coinciden?

... canal ...

Televisión

Radio

emisora

9.15 Escucha la siguiente grabación sobre los latinos y su relación con los medios de comunicación y decide si las siguientes afirmaciones son verdaderas o falsas.

Oyendo = listening

	V	F
a. El autor se despierta oyendo la radio.	☑	☐
b. En el coche, cuando va al trabajo, oye música.	☐	☑
c. Lee la prensa por la noche.	☐	☑
d. La revista semanal que compra tiene noticias diferentes.	☐	☑
e. Para el autor, la realidad es como una novela.	☑	☐
f. La información del mundo ocupa el tiempo de las personas e impide que piensen en su vida y su realidad.	☐	☐

9.16 Con un/a compañero/a, clasifiquen las palabras de la lista. Intenten averiguar el significado de las palabras que no conocen. ¡Atención! Algunas pueden estar en las dos categorías y tres de ellas se refieren a personas.

anuncios = comerciales

artículo • programa • reportaje • documental • noticias • periódico digital
radio • entrevista • página • anuncios • periodista • presentador • informativo
revistas • lectores • telenovela • concurso • noticiero

Medios audiovisuales	Prensa escrita

9.17 ¿Cuáles son los medios de comunicación en español que utilizas con más frecuencia para informarte? Coméntalo con tu compañero/a.

9.18 Con tu compañero/a, encuentren un canal de televisión o una página web de noticias en español en su zona. Mírenlo durante veinte minutos o naveguen por su página web. Después, respondan las siguientes preguntas.

 Canal de televisión en español

a. ¿Cómo se llama el canal?

b. ¿Cómo se llama el programa y qué tipo de programa es?

c. ¿Qué día y a qué hora vieron el programa?

d. ¿Qué les gustó más del programa?

e. ¿Qué no les gustó del programa?

 Página web en español

a. ¿Cómo se llama esta publicación de Internet?

b. ¿De dónde es?

c. ¿Qué tipo de artículos presenta?

d. ¿Qué les gustó más de esta publicación?

e. ¿Qué no les gustó de esta publicación?

9.19 Formen grupos de tres y comenten lo siguiente: ¿prefieren ver los informativos en la televisión o leer las noticias en la computadora? ¿Por qué?

» Para expresar la repetición de una acción se usa la expresión **volver a** + infinitivo *(to do something again).*

   Ayer **volvieron a poner** *el reportaje sobre las civilizaciones mesoamericanas.*
   La próxima semana **vuelven a comentar** *en su blog de Internet los programas de televisión más vistos.*

9.20 Completa los siguientes diálogos con la estructura *volver a* + infinitivo. Después, escucha las conversaciones y comprueba tus respuestas. ¡Atención! Recuerda usar la forma correcta del verbo *volver*.

Elisa: ¿Sabes que el otro día (hablar)............... en la radio de las universidades americanas?
Carlos: ¿Sí? ¿Y qué dijeron esta vez?
Elisa: Pues que el año pasado (aumentar) .... el número de latinoamericanos que decidieron estudiar en universidades de Estados Unidos, especialmente en las de California.
Carlos: Ah, qué curioso.

Ana: ¿Recuerdas la serie de televisión *Ugly Betty*?
Marta: Sí, era muy divertida, pero ya terminó, ¿no?
Ana: Sí, pero ahora la (poner) .... en el canal 34 de televisión.
Marta: ¿En serio? Dicen que la última temporada (romper) .... récords de audiencia.

Jaime: Según este periódico digital, ¿sabes cuántas veces se interrumpió el metro de Nueva York estos días?
Karen: No, dime.
Jaime: El lunes lo interrumpieron una vez por un apagón de luz *(power outage)*, y el martes (suspender) .... el servicio por incendio.
Karen: Pues a ver qué pasa mañana.

Luisa: ¡Qué noticia más curiosa! Un norteamericano de Virginia tiene el récord Guinness por ser el hombre al que le han caído más rayos.
Mario: ¿Sí?
Luisa: Sí. En 1977 le alcanzó el primer rayo y después, a lo largo de los años, le (alcanzar) .... seis rayos más.
Mario: ¿Y murió por eso?
Luisa: ¡Qué va! Murió en un accidente de carro. ¡Pobrecillo!

9.21 Mira las siguientes imágenes y las fechas. Después, elige los verbos adecuados y forma frases con *volver a* + infinitivo.

entrevistar • comprar • repetir • elegir • emitir • votar • actualizar • actuar

a actor / marzo / julio

b página web / 2015 / 2017

c telenovela / martes / jueves

d político / 2012 / 2016

9.22 ¿Qué cosas has vuelto a hacer en tu vida? Piensa en tres acciones que has repetido alguna vez y coméntalo con tu compañero/a.

Modelo: Yo fui a Cartagena de Indias en 2015 y al año siguiente volví a visitar esa ciudad. Es un lugar que me encanta.

PRONUNCIACIÓN

LAS PALABRAS LLANAS

Words that are stressed on the second-to-last syllabe are called **palabras llanas**.

9.1 (74) Escucha las siguientes palabras. Fíjate en cómo el acento cae en la penúltima sílaba de cada palabra.

a. azúcar **c.** árbol **e.** dibujo **g.** libro **i.** planta **k.** útil

b. cara **d.** difícil **f.** botella **h.** móvil **j.** brazo **l.** lápiz

9.2 Clasifica las palabras de la actividad 9.1 en su columna correspondiente.

Con tilde	Sin tilde

Taxi para cuatro

ANTES DEL VIDEO

9.1 Piensa en ventajas *(advantages)* y desventajas *(disadvantages)* de los siguientes planes y habla con tus compañeros.

a. Ir de acampada al campo o a la montaña.

b. Ir a un festival de música.

c. Pasar unos días en la playa.

9.2 ¿Cuándo fue la última excursión o acampada que hiciste? ¿Hizo buen tiempo? Coméntalo con tu compañero/a.

9.3 Mira las imágenes y elige el resumen que crees que anticipa el contenido del episodio. Basa tus respuestas en lo que crees que puede ocurrir. Usa tu imaginación.

a. Sebas y Felipe vuelven después de unos días de acampada. Sus amigos Juanjo y Alfonso vuelven de un viaje a la playa. Se encuentran volviendo a casa y charlan de lo bien que se lo pasaron. Felipe, en particular, está muy feliz con la experiencia porque hizo muchas actividades en la naturaleza.

b. Sebas y Felipe vuelven de hacer una acampada y se encuentran por casualidad con Alfonso y Juanjo que vuelven de un viaje también. Felipe y Sebas comentan que no están muy satisfechos con la experiencia porque el tiempo fue horrible y no pudieron hacer muchas actividades.

c. Sebas y Felipe vuelven de un festival de música y sus amigos regresan de una acampada. Se encuentran a la salida de la estación y charlan de su experiencia, todos están encantados con sus viajes, el tiempo fue fantástico y pudieron hacer muchas actividades.

DURANTE EL VIDEO

9.4 Mira el episodio y comprueba tus respuestas anteriores.

9.5 Ahora termina las frases que resumen el final del episodio. Puedes verlo otra vez, si es necesario.

a. Después de charlar…

b. En el taxi…

c. El taxi llega a casa de Sebas con todos dentro porque…

d. Eli los recibe y se tapa *(covers)* la nariz porque…

9.6 Vuelve a ver el episodio y anota todas las expresiones y comentarios de los personajes que significan lo mismo que las que hay aquí o que refuerzan los enunciados.

☼ ESTRATEGIA

Focusing on what is being said

Often times people say things in ways that vary from how you learned how to say it in class. The trick is to catch the gist and then try to understand the message using a simpler version of the statement. Use the following steps to help you focus on what is being said.

1. Read the statements of each of the characters.
2. As you watch the episode, focus more on listening than on following the actions of the characters.
3. Jot down the expressions as you hear them and in no particular order.
4. Match the expression you noted to the character who said it and find the alternate meaning from the list provided.

Felipe

a. Llovió constantemente.
b. No nos gustó la experiencia.
c. No planeamos bien.
d. ¿No escuchas bien?

Alfonso

j. No eligieron el mejor fin de semana.
k. ¿Vamos juntos en el taxi?
l. Tuvimos el mismo tiempo.
m. No escuchas bien.

Sebas

e. Están un poco sucios.
f. Para mí la experiencia no fue tan mala.
g. Tengo mucho, mucho sueño.

Eli

n. Encantada de recibirlos.
ñ. ¡Qué aspecto tan horrible tienen!

Juanjo

h. Su aspecto tampoco es bueno.
i. Solo quiero una ducha y dormir.

9.7 Con tu compañero/a, escriban una conversación diferente entre Felipe y Alfonso. Imaginen que hizo buen tiempo y que la experiencia les encantó. Recuerden mencionar las actividades que hicieron y otros aspectos de la experiencia.

DESPUÉS DEL VIDEO

GRAMÁTICA

1. PRETERIT OF IRREGULAR VERBS *SER*, *IR*, AND *DAR*

Remember to use the preterit to talk about actions that were completed in the past.

>> In Unit 8, you learned the preterit form of regular verbs. In this unit, you will learn the preterit forms of irregular verbs, some of which you have already seen and used.

	SER / IR	DAR *(to give)*
yo	**fui**	**di**
tú	**fuiste**	**diste**
usted/él/ella	**fue**	**dio**
nosotros/as	**fuimos**	**dimos**
vosotros/as	**fuisteis**	**disteis**
ustedes/ellos/ellas	**fueron**	**dieron**

>> The preterit forms of **ser** and **ir** are identical. However, you will easily understand the meaning from context.

> Nadia **fue** a Puerto Rico. *Nadia went to Puerto Rico.*
> **Fue** un viaje genial. *It was a great trip.*
> David **fue** campeón el año pasado. *David was champion last year.*

Indirect object pronouns

me	nos
te	os
le	les

>> The verb **dar** is often used with indirect object pronouns to indicate who receives the item given.
> Yo **les di** las noticias. *I gave them the news.*
> Ellos **me dieron** su número de teléfono. *They gave me their phone number.*

9.1 Completa las oraciones con la forma correcta de los verbos *ser*, *ir* y *dar* según el contexto. Compara tus respuestas con un/a compañero/a.

a. El otro día yo .... a casa de mi abuela y me .... un regalo.

b. Maradona .... un gran futbolista argentino.

c. Ayer .... el aniversario de boda de mis padres.

d. Mi hermana les .... el regalo en el restaurante.

e. Anoche nosotros .... en autobús a la ciudad.

f. La semana pasada los profesores .... camisetas gratis.

g. El fin de semana mis vecinos .... a Los Ángeles.

9.2 ¿Qué regalos les diste a las siguientes personas? Intercambia la información con un/a compañero/a. ¿Dieron ustedes los mismos regalos?

Modelo: a mi padre E1: A mi padre le di una cámara digital.
E2: ¿Cuándo fue?
E1: Fue para las navidades.

a. a mi madre

b. a mi perro / gato

c. a mis abuelos

d a mi mejor amigo/a

e. a mi profesor/a

f. a mi hermano/a

2. VERBS WITH IRREGULAR PRETERIT STEMS

» Some verbs have an irregular stem in the preterit and use the same endings: **–e**, **–iste**, **–o**, **–imos**, **–isteis**, **–ieron**.

	New Stem [u]	Endings	
andar	**anduv–**		anduve, anduviste, anduvo, anduvimos, anduvisteis, anduvieron
estar	**estuv–**		estuve, estuviste, estuvo, estuvimos, estuvisteis, estuvieron
poder	**pud–**	**e**	pude, pudiste, pudo, pudimos, pudisteis, pudieron
poner	**pus–**	**iste**	puse, pusiste, puso, pusimos, pusisteis, pusieron
tener	**tuv–**	**o**	tuve, tuviste, tuvo, tuvimos, tuvisteis, tuvieron
	New Stem [i]	**imos**	
		isteis	
hacer	**hic/z–**	**ieron**	hice, hiciste, hizo, hicimos, hicisteis, hicieron
querer	**quis–**		quise, quisiste, quiso, quisimos, quisisteis, quisieron
venir	**vin–**		vine, viniste, vino, vinimos, vinisteis, vinieron
decir	**dij–**		dije, dijiste, dijo, dijimos, dijisteis, **dijeron**

- ¿Dónde **pusiste** mi celular? *Where did you put my cell phone?*
- Lo **puse** en tu mochila. *I put it in your backpack.*
- ¿Qué **hiciste** el verano pasado? *What did you do last summer?*
- Nada. Mis primos **vinieron** a visitarnos. *Nothing. My cousins came to visit us.*

» Verbs with irregular preterit forms do not have an accent mark on the **yo** and **usted/él/ella** forms.
Ayer **vine** de viaje y hoy estoy muy cansado. *Yesterday I came back from a trip and today I'm very tired.*

9.3 Lee sobre el programa de estudios Erasmus. Después, relaciona las preguntas con las respuestas correctas para obtener más información.

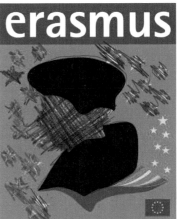

El proyecto Erasmus
La beca Erasmus es un dinero que se les dio a estudiantes y profesores universitarios de la Unión Europea para estudiar en los Estados miembros de la Unión Europea entre los años 1987 y 2013. El programa Erasmus es el acrónimo del nombre oficial en inglés: *European Region Action Scheme for the Mobility of University Students*. En enero de 2014 empezó el nuevo programa Erasmus, que sigue con el mismo objetivo de fomentar el aprendizaje y entendimiento de la cultura del país y crear un sentido de comunidad entre estudiantes de diversos países.

1. ¿Cuándo fue fundado?
2. ¿Cuántos estudiantes tuvieron la oportunidad de participar en el programa?
3. ¿Cuáles fueron los destinos más populares?
4. ¿De qué país vino el mayor número de estudiantes?
5. ¿Cuánto dinero al mes les dieron a los estudiantes?
6. ¿Cuántos estudiantes dijeron que gracias a la beca Eramus pudieron enriquecer *(enrich)* su vida profesional y personal?

a. Tres millones.
b. España, Francia y Alemania.
c. Todos.
d. En 1987.
e. Unos doscientos cincuenta euros.
f. De España.

9.4 Mila recibió una beca Erasmus el año pasado para estudiar en Inglaterra. Lee lo que escribió en su blog y completa el texto con las formas correctas de los verbos en pretérito. Compara tus respuestas con un/a compañero/a.

¿Y SE PUEDE SABER QUÉ HICISTE HOY?

 Publicado por Mila Rodríguez
Blog Erasmus University of Manchester, Inglaterra

 5 Martes. Vaya, qué problemas con mi despertador. Ayer (a)............ (despertarme) tarde y (b)............ (tener) que ducharme y desayunar a toda prisa y ¡hoy también! Menos mal que (c)............ (yo, poder) llegar a tiempo a clase. Lo bueno (d)............ (ser) que en el autobús (e)............ (yo, conocer) a dos españoles. El único problema es que (f)............ (ser) tan rápido que no recuerdo sus nombres. Pero me (g)............ (invitar) a ver una exposición en el Instituto Cervantes el viernes. (h)............ (yo, estar) allí hace unas semanas pero no los (i)............ (yo, ver).

Anoche (j)............ (ir) a cenar con una muchacha colombiana que está estudiando inglés como yo. Se llama Valentina. (k)............ (nosotras, estar) en un pub muy popular cerca de la universidad e (l)............ (hacer) amigos con estudiantes de todas partes. Después (m)............ (andar) por las calles de los alrededores hasta medianoche. Vamos a quedar para salir juntas otro día. Creo que la voy a invitar a ir conmigo al Instituto Cervantes el viernes.

9.5 Hoy es domingo y Mila está escribiendo sobre su experiencia del viernes en el Instituto Cervantes. Escribe, con un/a compañero/a, la entrada del blog de Mila. Sigan *(follow)* las sugerencias del cuadro. Intenten usar los verbos indicados. Para mayor información, accedan a la página web del Instituto Cervantes de Mánchester.

Para escribir en colaboración	Sugerencias	
– Preparar una lista de contenidos y ponerlos en orden	– ¿el tema de la exposición?	ser
– Hacer un borrador *(draft)*	– ¿quiénes?	ir
– Revisar el borrador y hacer los cambios necesarios	– ¿qué tal lo pasó?	ver
– Escribir el texto definitivo	– ¿después?	conocer
		tener

 Publicado por Mila Rodríguez
Blog Erasmus University of Manchester, Inglaterra

 8 Viernes. ¡Por fin tengo tiempo para contarles sobre la exposición en el Instituto Cervantes!

Instituto
Cervantes

3. LONG FORM POSSESSIVES

» As you have learned, possessive adjectives (**mi**, **tu**, **su**…) express ownership and are placed before the noun in both Spanish and English.

» You can also show possession with the long form of adjectives and pronouns.

Singular		Plural		
Masculine	**Feminine**	**Masculine**	**Feminine**	
mío	mía	míos	mías	*mine*
tuyo	tuya	tuyos	tuyas	*yours*
suyo	suya	suyos	suyas	*your/his/hers*
nuestro	nuestra	nuestros	nuestras	*ours*
vuestro	vuestra	vuestros	vuestras	*yours (Spain)*
suyo	suya	suyos	suyas	*yours/theirs*

» Long form possessive adjectives are used for emphasis or contrast and correspond to the English expressions *of mine, of yours*, etc. They also follow the noun.

» As pronouns, they replace the noun.

Possessive adjective
Mi casa es blanca. *My house is white.*

Possessive pronoun
Y la **mía** es azul. *And mine is blue.*

» As both pronouns and adjectives, long form possessives must agree with the noun it modifies or replaces in number and gender.

- ● Estos son libros **tuyos**. (adjective)
- ● ¿**Míos**? (pronoun)
- ● Sí, **tuyos**. (pronoun)

9.6 Pepita, una fan de la música de los años 90, escribe un blog sobre uno de sus grupos favoritos. Elige la opción correcta en el texto. Compara tus respuestas con un/a compañero/a. ¿Cuál es el uso de los posesivos pospuestos *(long form)* en estos ejemplos?

(a) **Mi / Mío** grupo favorito de esa época es un grupo de pop que con (b) **sus / suyas** canciones hizo bailar y cantar a todas las muchachas de (c) **suya / nuestra** edad. Aprendimos (d) **suyas / sus** melodías enseguida. También copiamos (e) **su / suya** estilo de vestir y actuar. Por mucho tiempo tuve los pósteres de este grupo en (f) **mi / mío** cuarto. Mi madre me dijo

más de una vez: "¡Ese cuarto (g) **mío / tuyo** es un desastre!". Y cuando mi hermano dijo: "Esa música (h) **mía / tuya** es para niñas tontas", recuerdo que le dije: "¿Y qué dices de la música (i) **tuya / nuestra** con esos muchachos que gritan y saltan y rompen guitarras? ¿Crees que es mejor que (j) la **mía / tuya**?". Mi madre puso paz y nos prohibió discutir más sobre (k) **nuestras / suyas** preferencias de música. Desde entonces cada uno escucha la música (l) **tuya / suya** y en paz, aunque mi madre me hizo quitar los pósteres de mi cuarto para poder pintarlo. Y tú, ¿tienes pósteres de tus grupos favoritos?

VIDEOCLASES
17 Y 18

DESTREZAS

9.1 Las siguientes imágenes representan diferentes viajes de aventura. Piensa en otras aventuras que crees que Carlos, el profesor famoso de Sara, vivió en sus viajes.

9.2 Lee el siguiente texto sobre el profesor famoso de Sara.

⚙ ESTRATEGIA

Using context clues

Before looking words up in a dictionary, try to glean meaning from context so that you are able to understand most, if not all, of the content. This way you also avoid interrupting your reading to look up words.

Mi profesor famoso

Hay una persona a la que admiro muchísimo. Es mi profesor Carlos de la Llave, prestigioso oceanógrafo y explorador. Me gusta porque disfruta mucho con el trabajo que hace. Pero también lo admiro porque, aunque es una persona muy popular, él se comporta de una manera sencilla, sin aires de grandeza, ni de estrella. La verdad es que su vida es fascinante: trabajó en programas de televisión, escribió artículos en periódicos, lo vimos en reportajes en revistas, escuchamos sus entrevistas en la radio y seguimos sus aventuras en su blog de Internet.

Carlos estuvo en lugares tan exóticos como el Amazonas o el Polo Norte, vivió con tribus en África y habla muchos idiomas. Pero siempre que vuelve de sus viajes tiene un poco de tiempo para sus estudiantes. Nos reunimos en una clase y vemos sus últimas fotos y videos. Las preguntas son continuas: "¿Viste pingüinos? ¿Estuviste en peligro?". Pero él responde a todas con paciencia y afecto. Sabe que la fama no lo es todo y que los momentos felices son, a veces, los más simples: los que vives con aquellas personas a las que aprecias de verdad.

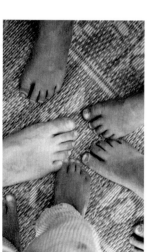

9.3 Responde las siguientes preguntas sobre el texto.

a. ¿Qué relación tiene la narradora con Carlos?

b. ¿En qué trabaja Carlos?

c. ¿Por qué lo admira tanto la narradora?

d. ¿Qué hacen los estudiantes con Carlos cuando vuelve de sus viajes?

e. ¿Con quién pasa Carlos sus mejores momentos?

9.4 Anota cuatro de las experiencias de Carlos que Sara menciona en el texto.

a. ....

b. ....

c. ....

d. ....

2. EXPRESIÓN ESCRITA

9.5 Ahora piensa en una persona que admiras y completa la siguiente tabla con algunos datos sobre él o ella.

Tu relación con la persona. ▶ ....

¿Cómo es? ▶ ....

¿Por qué la admiras? ¿Qué hizo? ▶ ....

⚙ ESTRATEGIA

Selecting appropriate vocabulary

Plan out the vocabulary you will need to complete the task. Use a dictionary to look for specialized vocabulary needed to express what you want to say. Draft two or three paragraphs and arrange them in a logical order to support your theme.

9.6 Ahora escribe un texto breve sobre esta persona, similar al que escribió Sara.

9.7 Intercambia con tu compañero/a el texto que escribiste y lee el suyo. Después, preparen algunas preguntas para saber más sobre esta persona y hablen durante unos minutos.

3. INTERACCIÓN ORAL

9.8 Piensa en alguna experiencia de tu vida que fue emocionante o peligrosa. Puedes completar la siguiente tabla para prepararte.

¿Dónde fuiste?	¿Qué viste?	¿Qué pasó?	¿Qué sentiste?

⚙ ESTRATEGIA

Practicing orderly conversation

Recounting an experience within a conversation is indicated by some kind of preface. This is a signal to the listener that for the duration of the story, there will be no turn-taking. Once the story has finished, the normal sequence of conversation can resume. As you listen, think ahead to the questions you would like to ask your partner to keep the conversation fluid.

9.9 Por turnos, cuéntale a tu compañero/a tu último viaje y responde sus preguntas. Aquí tienes algunas ideas de preguntas:

¿Fue divertido?
¿Qué fue lo que más te gustó?
¿Y lo que menos?

¿Con quién fuiste?
¿Dónde te alojaste?
¿Te gustaría repetir?, etc…

Edificio de UDELAR en Montevideo, Uruguay

LA NUEVA EDUCACIÓN LATINOAMERICANA

Una clase en una escuela de El Salvador, donde la Liga tiene varios proyectos.

¿Te gustaría asistir a clases a través de la computadora? ¿Piensas que es útil aprender en dos idiomas a la vez? ¿Ayuda la educación a crear una sociedad más justa? La nueva educación latinoamericana quiere responder a estas preguntas.

Casi setenta mil estudiantes uruguayos utilizan el entorno virtual* para asistir a clases.

L a calidad de la educación en Latinoamérica ha avanzado mucho en los últimos años. Actualmente*, casi todos los niños van a la escuela primaria, y tienen acceso a la escuela secundaria.

Hay mucho por mejorar: todavía hay regiones rurales con poco acceso a la educación, y escasez de* tecnología. Pero también hay proyectos importantes, como los que te presentamos a continuación: la educación virtual en Uruguay, la educación bilingüe en Paraguay o la educación para evitar la violencia callejera en El Salvador.

EDUCACIÓN PÚBLICA Y ENTORNOS VIRTUALES

La Universidad de la República o UDELAR fundada en 1849, es la más antigua y la más importante de Uruguay. Es pública, es decir, la financia el Gobierno y los estudiantes no pagan por asistir a clase. La educación pública es muy importante en España y Latinoamérica. En Uruguay, el veintinueve de septiembre se celebra el Día de la Educación Pública, bajo el lema* «La educación pública es de todos», para crear conciencia* sobre la importancia de proteger y valorar este sistema educativo.

UDELAR es también una de las universidades más modernas de Latinoamérica: ofrece un entorno virtual de aprendizaje (EVA) a sus alumnos, donde pueden descargar materiales para la clase, hacer investigación e incluso asistir a clase a través de Internet. Por su cantidad de usuarios registrados (más de cien mil entre alumnos y profesores), el entorno virtual de esta universidad se encuentra en cuarto lugar entre los EVA con mayor cantidad de usuarios en el mundo.

Además de adaptarse a las nuevas tecnologías, los estudiantes uruguayos son muy creativos. En 2013, Luciano Thoma, Facundo Genoud y Francisco Lanterna, de dieciocho y diecinueve años, alumnos del Instituto Tecnológico Superior de Paysandú, recibieron un premio en la Feria Internacional de Ciencia e Ingeniería de Phoenix, Estados Unidos. Los jóvenes inventaron un guante muy especial para traducir a voz el lenguaje de señas* de los sordomudos*.

¿Qué aspectos tienen que mejorar en la educación de Estados Unidos? ¿Por qué?

¿En qué situaciones podría ser útil este guante?

Integrante de una mara salvadoreña

EDUCACIÓN INTERCULTURAL

«La Liga trabaja desde hace años para la interculturalidad», dice Victorino Mayoral, presidente de la Liga Española de la Educación y la Cultura Popular. Un grupo de profesionales de la educación creó esta organización no gubernamental (ONG), independiente y laica* en 1986, con el objetivo de «crear una sociedad más justa, libre y solidaria».

Además de varios proyectos en España, como clases de español para inmigrantes y cursos de apoyo* para gente que busca trabajo, la Liga tiene proyectos de cooperación internacional. Uno de ellos es en El Salvador y consiste en apoyar a los alumnos en clase, en colaboración con una organización local. Este apoyo incluye ayudas en las tareas y entrega de útiles escolares*. El objetivo es evitar que los niños abandonen la escuela y se unan a las maras, violentas pandillas* locales.

FÉLIX DE GUARANIA

Kuimba'e katupyry ño Quijote yvyũngua

El ingenioso hidalgo don Quijote de la Mancha

Portada del libro *Don Quijote* en idioma guaraní

LA EDUCACIÓN BILINGÜE

En Paraguay hay dos idiomas oficiales: el español y el guaraní. Este último es una lengua indígena con ocho millones de hablantes en Paraguay, Argentina y Brasil.

Hoy, la mitad de los paraguayos es bilingüe (es decir, habla los dos idiomas) y el 40% habla solamente guaraní. Desde 1992, la enseñanza* de los dos idiomas es obligatoria en las escuelas primarias y secundarias.

«Pero queda mucho trabajo por hacer», dice Ladislao Alcaraz, Secretario de Políticas Lingüísticas de Paraguay. «En la universidad y en los medios de comunicación este idioma se usa poco. Es importante usarlo porque es parte de nuestra identidad», explica.

Para muchos jóvenes, el guaraní es una forma de estar cerca de la familia. «Estoy orgulloso de ser paraguayo y de hablar guaraní», dice Diego, un alumno de la Universidad Católica Nuestra Señora de la Asunción, una de las más antiguas del país. «El guaraní es el idioma que hablo en mi casa. Es la lengua de mis antepasados».

> **¿Piensas que es importante aprender un idioma que solamente se habla en una región? ¿Cuáles son las ventajas y desventajas?**

> **¿Piensas que este tipo de proyectos son efectivos para crear una sociedad más justa? ¿Por qué?**

REALIZA UNA INVESTIGACIÓN RÁPIDA PARA ENCONTRAR LOS DATOS SIGUIENTES:

a ¿Qué territorio asociado a EE. UU. es bilingüe?

b ¿Es el lenguaje de señas el mismo en todo el mundo?

c ¿Qué otros países centroamericanos, además de El Salvador, tienen problemas con las maras?

GLOSARIO

actualmente – nowadays

el apoyo – support

crear conciencia – to raise awareness

la enseñanza – teaching

el entorno virtual – virtual environment

la escasez de – lack of

laico – non-religious

el lema – slogan

el lenguaje de señas – sign language

la pandilla – gang

sordomudo – deaf-mute

los útiles escolares – school supplies

Fuentes: *Última Hora*, Unesco, *El País* de Uruguay, Liga Española de la Educación y la Cultura Popular, *El diario de Hoy*, La Red 21.

VOCES LATINAS

La educación en América Latina

EN RESUMEN

Situación

El último día del semestre

You and your friends / roommates are packing up to return home at the end of the semester. You all gather in the common room to talk about the semester.

LEARNING OUTCOMES

	ACTION

Talk about actions in the past

Use expressions of time

9.1 En grupos de tres, hablen sobre el semestre pasado y las actividades que hicieron juntos o por separado. Usen las preguntas para iniciar la conversación.

- ¿Qué clases o exámenes finales fueron los más difíciles?
- ¿Qué actividades hicieron juntos?
- ¿Fueron de excursion? ¿Dónde?
- ¿Hicieron muchos trabajos de investigación? ¿Sobre qué temas?
- ¿Qué quisieron hacer pero no pudieron? ¿Por qué?
- ¿Vieron alguna película buena?
- ¿Qué otras cosas tuvieron que hacer que no les gustó hacer?

Talk about newspapers and media

9.2 En grupos de tres y por turnos, cuenten alguna noticia local, nacional o internacional que leyeron en el periódico o en Internet este semestre. Sus compañeros tienen que decir cuándo ocurrió.

Express ownership

9.3 Ya es hora de salir pero tu compañero/a y tú todavía *(still)* tienen que recoger el cuarto. El problema es que no recuerdan de quién son algunas cosas. Por turnos, pregunta a tu compañero/a si estas cosas son de él/ella.

Modelo: E1: ¿Es tuya esa chaqueta?

E2: No, no es mía. La mía es marrón.

Estudiante 1:

calcetines negros

gorra de béisbol de los Yankees

libro de física

camiseta del F. C. Barcelona

revista *People* en español

Estudiante 2:

cepillo de dientes

aspirinas

toalla

lentes de sol

DVD de lucha libre de la WWE

LISTA DE VOCABULARIO

Verbos Verbs

actuar to act, to play
actualizar to update
alcanzar to reach
andar to walk (around)
aumentar to grow
comprar to buy
dar to give
divertirse (e > ie) to have fun
emitir to broadcast
entrevistar to interview
estar ocupado/a to be busy
ponerse to put on
reelegir to reelect
repetir to repeat
romper to break
volver a to do something again
votar to vote

Los medios de comunicación
Means of communication

el anuncio ad / comercial
el artículo article
el canal channel / network
el concurso game show
el documental documentary
la entrevista interview
el informativo news brief
el mundo empresarial business world
las noticias news
las noticias de los famosos celebrity news
el noticiero newspaper, gazette
la página page, web page
el periódico newspaper
el periódico digital digital newspaper
la portada cover
la prensa press
la prensa deportiva sports publications
el programa program
la radio radio
la red social social network
el reportaje report
la revista magazine
la revista de información científica science news magazine
la telenovela soap opera

Las noticias The news

el cuerpo de la noticia main body text
la entrada introduction
las noticias del día today's news
la primera página front page
el subtítulo lead or subhead
el titular headline

Las personas People

los famosos famous people
el lector reader
el / la periodista journalist
el personaje famoso celebrity
el / la presentador/a presenter / broadcaster

Expresiones útiles
Useful expressions

al cabo de after, after a while
antes de before
de… a from… to
desde since, from
desde… a from… to
desde… hasta since, from… to
después after, later
durante during, for
la entrada ticket (for a movie, show)
el extranjero abroad
hasta (que) until, till
hubo there was
más tarde later
siguiente next

10

¿DÍGAME?

Hablamos de…	Vocabulario y comunicación	¡En vivo!	Gramática	Destrezas	Sabor latino	En resumen
• Ir de compras	• **Las tiendas y los números (100-999):** Asking how much something costs • **El lenguaje telefónico:** Making emphatic statements **Pronunciación** • Las palabras esdrújulas	• **Episodio 10 Efectivo o tarjeta:** Identifying keywords	• Verbs *ser* and *estar* • Adjectives with *ser* and *estar* • Present progressive tense • Informal commands	• **Las ventajas de Internet** – **Comprensión de lectura:** Recognizing words from the same family – **Expresión escrita:** Identifying your audience – **Interacción oral:** Preparing for an oral debate	• **Las redes sociales en México**	• **Situación:** ¡Feliz cumpleaños, Mar! • Vocabulario

- ¿Qué hacen las muchachas? ¿Dónde están?
- ¿Te gusta ir de compras? ¿Dónde vas normalmente?
- ¿Prefieres ir de compras solo/a o acompañado/a?
- ¿Alguna vez compras por Internet?

LEARNING OUTCOMES

By the end of this unit, you will be able to:

- Talk about stores and shopping for gifts
- Ask for an item and how much it costs
- Use typical phrases in a phone conversation
- Talk about new technologies

Ir de compras

10.1 Isabel y Patricia están de compras. Relaciona las imágenes con las frases correspondientes.

a. Compra desde casa.

b. Se puede probar la ropa que compra antes de pagarla.

c. Está mirando escaparates.

d. No puede pagar en efectivo.

e. No necesita bolsas.

10.2 Completa la conversación entre Isabel y Manuel con las palabras de la lista.

en efectivo • quién • cuánto cuesta • de rebajas • contestó • qué • aló • tan

Manuel: Mira, Isabel, ¡qué camiseta (a) ....tan.... bonita hay en esa tienda!

Isabel: Sí, es verdad. Me encanta ese color. ¿Entramos a ver?

M.: Sí, vamos…

(Entran en la tienda)

Dependiente: Hola, buenos días.

M.: Hola, buenos días. ¿(b) Cuánto cuesta aquella camiseta roja de allí?

D.: Quince pesos.

I.: ¡(c) ...Qué... barata!

M.: Sí, me gusta para Elena. Nos la llevamos.

I.: También estamos buscando un cinturón del mismo color.

D.: Miren, allí están los cinturones y todos están (d) ...de rebajas...

I.: Manuel, mira este cinturón rojo oscuro. Es perfecto.

M.: Sí, sí, es verdad… Entonces, nos llevamos este cinturón y la camiseta. ¿Nos dice cuánto es?

D.: Son treinta y cinco pesos. ¿Van a pagar (e) en efectivo?

I.: Sí. Aquí tiene.

D.: Muy bien, muchas gracias. Hasta luego.

I. y M.: Adiós.

(Ring ring)

M.: ¿(f) Aló....? Sí, dime… Sí, estamos aquí en el centro comercial. Encontramos el regalo de cumpleaños para Elena. Vamos a mandarte una foto de lo que compramos, ¿vale? Ya vamos para allá.

I.: ¿(g) Quién... es?

M.: Es Patricia. Dice que Elena va a llegar a las seis y que ella está preparando la cena. Mira, vamos a mandarle una foto de la camiseta y el cinturón para ver si le gustan.

(Bing –sonido de mensaje recibido)

I.: ¿Ya te (h) ...contestó?

M.: Sí, dice que… ¡le encantan!

I.: Vámonos ya para casa, que Elena estará a punto de llegar.

10.3 Comparte tus respuestas con un/a compañero/a. Después, escuchen la conversación y comprueben las respuestas. ¿Lo hicieron bien?

10.4   Responde las siguientes preguntas sobre la conversación.

1. En este momento Manuel e Isabel…
  a. ☑ están de compras.
  b. ☐ están en casa.

2. Hoy es…
  a. ☐ el día de Navidad.
  b. ☑ el cumpleaños de su amiga.

3. El cinturón cuesta…
  a. ☐ veinte pesos.
  b. ☑ treinta y cinco pesos.

4. Manuel y Patricia…
  a. ☑ están hablando por teléfono.
  b. ☐ están mandando textos.

5. Isabel paga…
  a. ☑ con dinero.
  b. ☐ con tarjeta.

6. Patricia llama para saber…
  a. ☐ qué tal están.
  b. ☐ cuándo vuelven.

10.5   Observa estas imágenes. ¿Qué están haciendo los muchachos?

1. **b** Están bailando.
2. **e** Está estudiando.
3. **a** Están comiendo.
4. **c** Está comprando.
5. **d** Está escribiendo.

10.6   Habla con tu compañero/a sobre las personas de la actividad anterior. ¿Cómo son? ¿Dónde están? ¿Por qué creen que están haciendo esa actividad?

10.7   El muchacho, en la imagen c, está comprando por Internet. Escribe algunas ventajas y desventajas de realizar tus compras online.

APUNTES: Tecnología en Latinoamérica

✓ La tecnología es, en la actualidad, una importante herramienta *(tool)* de comunicación. Los latinoamericanos quieren estar conectados con el resto del mundo: hay 255 millones de usuarios de Internet en la región (el 43 % de la población).

✓ Hacer una llamada desde cualquier lugar es fácil en Latinoamérica: el 98 % de la gente tiene acceso a la red *(network)* de teléfonos celulares.

✓ Las compras por Internet, sin embargo, no son muy populares. Solo el 31 % de los usuarios de Internet hace sus compras así. En Europa y Estados Unidos, en cambio, el 70 % de la gente hace compras por Internet.

1.A VOCABULARIO: LAS TIENDAS Y LOS NÚMEROS (100-999)

grandes almacenes = tienda departamental, tienda por departamentos, almacén

10.1 Fíjate en las siguientes tiendas y clasifícalas según el lugar donde crees que se encuentran. Después, compara tu clasificación con tu compañero/a. ¿Coinciden?

El centro comercial: _d_

El supermercado:

la librería

la pescadería

el centro comercia
la tienda de electrónica

el centro comercial
la perfumería

Supermercado
la frutería

el centro comercial
la tienda de ropa

el la centro comercial
la zapatería

el sup...do
la carnicería

la panadería
Supermercado

los grandes almacenes
el centro comercial

la pastelería
Supermercado

10.2 Relaciona estas expresiones con su definición correspondiente.

1. hacer la compra
2. ir de compras
3. tienda de electrónica
4. tiendas especializadas
5. centro comercial

a. Comercios independientes que se dedican a vender productos específicos.
b. Comprar comida, bebida y otros productos de primera necesidad.
c. Conjunto de tiendas especializadas y uno o dos grandes almacenes dentro de un edificio.
d. Comprar ropa, electrónica u otros objetos.
e. Venden allí videojuegos, música, celulares y muchos otros aparatos.

10.3 Completa los espacios en blanco con el nombre de una tienda.

a. Los viernes por la tarde me reúno con mis amigos en el ....
b. Para el Día de los Enamorados, compré una colonia para mi novia en la ....
c. Me gusta ir al .... para hacer la compra.
d. En la .... de cerca de casa venden excelente carne.

e. Prefiero comprar manzanas en la .... de la esquina.
f. Las faldas en esa .... están de rebajas.
g. Los domingos compramos una tarta de chocolate en la ....
h. Después de clase, Carlos trabaja en una .... ordenando libros.

10.4 Escucha los números de la siguiente tabla.

100 cien	**400** cuatrocientos	**700** setecientos
101 ciento uno	**415** cuatrocientos quince	**720** setecientos veinte
200 doscientos	**500** quinientos	**800** ochocientos
202 doscientos dos	**526** quinientos veintiséis	**897** ochocientos noventa y siete
300 trescientos	**600** seiscientos	**899** ochocientos noventa y nueve
303 trescientos tres	**669** seiscientos sesenta y nueve	**900** novecientos

> Remember to use **y** only between the tens and ones, not after the hundreds.
> - 180 ▶ ciento ochenta
> - 183 ▶ ciento ochenta **y** tres

10.5 Escucha y escribe los números en los recuadros. Después, escribe el número en letra.

a. ....   c. ....   e. ....   g. ....

b. ....   d. ....   f. ....   h. ....

> The hundreds agree in number and gender with the noun.
> - doscient**os** libros / doscient**as** sillas

10.6 Fíjate en los billetes de diferentes países de Hispanoamérica. Con tu compañero/a, hagan turnos para hacer la cuenta y decir la cantidad total de dinero que se muestra en las imágenes.

Modelo: Cien y cien son doscientos nuevos soles.

nuevos soles de Perú

 pesos de México

 euros de España

 bolivianos de Bolivia

 pesos de Argentina

 dólares de Estados Unidos

 nuevos soles de Perú

 dólares de Canadá

 bolívares de Venezuela

10.7 Haz turnos con tu compañero/a, preguntando y respondiendo sobre lo que cuestan los diferentes objetos. Después, di si el precio que él/ella te dice te parece alto o bajo y cuál crees tú que es el precio correcto.

Modelo:
E1: ¿Cuánto cuesta un portátil sencillo?
E2: Cuesta quinientos cincuenta dólares.
E1: Creo que cuesta más, como seiscientos dólares. / Creo que cuesta menos, como quinientos dólares.

a. una videoconsola de Nintendo
b. unas botas UGG
c. una tableta de Apple
d. un mp4
e. unos tenis de marca *(brand name)*
f. una cena en el restaurante más caro de la ciudad

» Para preguntar por el precio de una cosa:
   ¿**Cuánto cuesta** el celular?
   ¿**Cuánto cuestan** los celulares?
   ¿**Qué precio tiene**?
   ¿Me podría **decir el precio**?

» Para saber cuánto se debe pagar:
   ¿**Cuánto es?**

» En el restaurante se usa:
   La cuenta, por favor.

» Si el dependiente quiere saber la modalidad del pago:
   ¿**Cómo va a pagar?**
   ¿Va a pagar **con tarjeta** o **en efectivo**?

Tarjeta de crédito

Dinero en efectivo

Métodos de pago:
- Con tarjeta de crédito
- Con tarjeta de débito
- En efectivo
- Con una tarjeta de regalo

10.8 Relaciona lo que dicen Pablo y la dependienta de la tienda durante su conversación. Después, compara con tu compañero/a.

 La dependienta

1. ☐ Buenos días. ¿Necesita ayuda?
2. ☐ ¿Qué color prefiere?
3. ☐ El color gris es muy popular. Está muy de moda.
4. ☐ Cuesta quinientos pesos.
5. ☐ Pues… la amarilla cuesta menos.
6. ☐ Muy bien. ¿Va a pagar con tarjeta o en efectivo?

 Pablo

a. ¡Uy! ¡Qué cara es!
b. Entonces, me voy a comprar la amarilla.
c. Sí, quiero comprarme una chaqueta nueva.
d. No sé, no puedo decidir entre la gris y la amarilla.
e. Con tarjeta de débito.
f. Está bien. Me llevo la gris. ¿Cuánto cuesta?

10.9 Con tu compañero/a, hagan turnos y describan qué compraron las siguientes personas y cómo pagaron. Después cuéntense cuál fue la última cosa que compraron y cómo la pagaron.

Modelo: Mi hermana .... una azul y ....
Mi hermana compró una falda azul y pagó en efectivo.

a. Manuel .... un de dormir y ....

b. Emilia y tú .... para el cine. Tú .... y Emilia ....

c. Tú .... unas para montar a caballo y ....

d. Mis padres .... una para mi hermano y ....

e. Patricia .... dos en el quiosco y ....

10.10 Lee el siguiente texto y complétalo con la expresión que falta.

las tres erres • consumo indiscriminado • consumo responsable • reciclaje

Por .... entendemos la acción de elegir los productos no solo por su calidad y precio, sino también por su impacto ambiental *(environmental)* y social, y por la conducta de las empresas que los producen. También significa consumir menos, solo lo necesario, diferenciando las cosas que son necesidades auténticas de las necesidades superfluas, frecuentemente creadas por la publicidad.

10.11 Responde las siguientes preguntas sobre tus preferencias al comprar. Después, en grupos pequeños, hagan turnos para preguntar a otros compañeros sus opiniones. Tomen nota de las respuestas.

a. ¿Qué tienda tiene buenos precios en electrónica? ¿Qué compras allí?

b. ¿Qué tienda siempre tiene muchas rebajas en ropa? ¿Te gusta comprar allí?

c. ¿Qué centro comercial de tu zona es más divertido? ¿Por qué?

d. ¿A qué tienda no vas nunca? ¿Por qué?

e. ¿Prefieres comprar en grandes almacenes o en tiendas especializadas?

f. ¿Crees que eres un/a consumidor/a responsable? ¿Por qué?

10.12 Informen a la clase sobre las preferencias de sus compañeros. ¿Qué tienen en común?

¿Bueno?, ¿Aló? =
¿Dígame? (España)

>> Para **responder** al teléfono:

¿Sí?   ¿Aló?

¿Bueno?   ¿Dígame?

>> Para pedir a una persona que **se identifique**:

¿Quién lo/la llama?   ¿De parte de quién?

>> Para identificarse:

Soy…   Me llamo…

>> Para **preguntar por una persona**:

¿Está…?   ¿Puedo hablar con…?   ¿Se encuentra…?

>> Para pedir a una persona que **espere**:

(Espere) un momento, por favor.

10.13 Escucha las siguientes conversaciones telefónicas. Después, relaciona cada conversación con las preguntas que hay a continuación.

a. ● **Dime**, Pedro.
   ● Oye, llámame que tengo que contarte una cosa y tengo muy pocos minutos en mi cuenta *(account)* de teléfono.
   ● Vale, cuelga y te llamo ahora.

d. ● ¡Oh! **Tengo tres llamadas perdidas** de María.
   ● ¿Cuándo te llamó?
   ● No lo sé, no lo escuché.

En España, el coste de una llamada lo paga solo la persona que llama (llamadas salientes), para la persona que recibe la llamada es gratis (llamadas entrantes).

b. "El teléfono al que llama está apagado o fuera de cobertura *(range)*. Puede dejar un mensaje después de la señal".

e. ● **¿Bueno?**
   ● Buenos días, **¿se encuentra** José?
   ● No, no está. **¿De parte de quién?**
   ● Soy Carla.
   ● Hola, soy su mamá. **¿Le digo algo?**
   ● **Sí, dígale** que lo llamé, por favor.

c. ● **¿Aló?**
   ● Hola, **¿puedo hablar con** Paco?
   ● ¿Quién? Lo siento, **tiene el número equivocado**.
   ● Perdón.

f. ● El celular de César suena ocupado.
   ● Pues mándale un mensaje de texto.

1. ☐ ¿En qué conversación la otra persona está hablando por teléfono?   3. ☐ ¿En cuál llamó a otro número?

2. ☐ ¿En qué conversación no está la persona que busca?   4. ☐ ¿En cuál no oyó la llamada?

10.14 Completa la tabla con las expresiones en negrita de la actividad anterior. Compara tus respuestas con tu compañero/a.

Para contestar al teléfono	Para preguntarle a alguien si quiere dejar un mensaje	Para decirle a alguien que se ha equivocado	Para preguntar por alguien

Para dejar un mensaje	Para decir que tienes llamadas perdidas	Para preguntar quién llama	Para preguntar si puedes llamar más tarde
		¿Quién lo/la llama?	¿Puedo llamar más tarde?

10.15 Escucha y relaciona cada conversación con su contenido.

	Suena ocupado	No está	No contesta	Está reunido	Es esa persona
a.	☐	☐	☐	☐	☐
b.	☐	☐	☐	☐	☐
c.	☐	☐	☐	☐	☐
d.	☐	☐	☐	☐	☐
e.	☐	☐	☐	☐	☐

10.16 Con tu compañero/a, ordenen la siguiente conversación telefónica. Después, comparen su respuesta con otra pareja de estudiantes. ¿Coinciden?

a. ☐ No se preocupe, no hay ningún problema. Dejo un mensaje en la escuela de esquí. ¡Buen viaje!

b. ☐ Sí…, buenos días, ¿puedo hablar con el monitor de esquí, Antonio Delgado, por favor?

c. ☑ Hotel Puente Baqueira, buenos días, ¿dígame?

d. ☐ Espere un momento, por favor.

e. ☐ Hola, soy Ricardo Vázquez. Mire, es que tenemos una reserva para un curso de esquí a mi nombre para cuatro personas y llamo para avisarle de que vamos a llegar más tarde de las ocho. Lo siento mucho.

f. ☐ Buenos días, soy Antonio Delgado, ¿en qué puedo ayudarle?

g. ☐ ¿De parte de quién?

h. ☐ Me llamo Ricardo Vázquez.

10.17 Elige una de estas situaciones y practica la conversación con un/a compañero/a. Sigan los pasos que se proponen.

Situación 1		Situación 2	
Estudiante A	**Estudiante B**	**Estudiante A**	**Estudiante B**
Suena el teléfono. Contesta.	Saluda y pregunta por un amigo.	Suena el teléfono. Contesta.	Saluda y pregunta por un amigo.
Pregunta quién llama.	Da tu nombre y explica quién eres.	Di a la persona que se ha equivocado.	Sorpréndete y di el número al que llamas.
La persona por la que pregunta no está. Pregúntale si quiere dejar un mensaje.	Deja un mensaje.	Insiste en que está equivocado y que no conoces a la persona por la que pregunta.	Insiste en que el número es correcto. Necesitas contactar urgentemente con esa persona.
Asegúrale que le darás el mensaje y despídete.	Da las gracias y despídete.	Dile que sientes no poder ayudarle y sugiérele que le mande un mensaje.	Pide disculpas y despídete.

» Para enfatizar una cualidad se usa ¡**Qué** + adjetivo!
¡**Qué** *bonito / grande / simpática / amable!*

» Para intensificar la cualidad de alguien o algo se usa
¡**Qué** + sustantivo + **más** / **tan** + adjetivo!
¡**Qué** *música* **más** *fantástica!*
¡**Qué** *abuela* **tan** *moderna!*

» Estas estructuras sirven también para enfatizar cualidades
negativas.
¡**Qué** *feo / pequeño / antipático / maleducada!*
¡**Qué** *música* **más** *horrible!*
¡**Qué** *muchacho* **tan** *maleducado!*

¡*Qué... más / tan...!*

¡Qué abuela tan simpática!

10.18 Con tu compañero/a, emparejen a estas personas que están hablando por teléfono. ¿Quién está hablando con quién? Contesten según su opinión y justifiquen sus respuestas. Hay varias combinaciones posibles.

10.19 Elijan a una de las parejas que han formado anteriormente e inventen una conversación telefónica entre ellos. Tienen que aparecer dos frases que enfaticen alguna cualidad o defecto.

(Ring, ring...)
● ¿Sí? ¿Aló?
● .... ● ....
● .... ● ....
● .... ● ....

10.20 Aprendan de memoria la conversación telefónica que han inventado y represéntenla ante sus compañeros.

10.21 Contesta las siguientes preguntas.

    a. ¿Te gusta hablar por teléfono? ....

    b. ¿Has hablado por teléfono alguna vez en español? ....

    c. ¿Qué dificultades tienes en una conversación telefónica en otra lengua? ....

    d. Además del teléfono, ¿qué medios usas para comunicarte con tus amigos y familiares? ....

    e. ¿Crees que el teléfono puede sustituir a una conversación cara a cara? ....

10.22 Compartan sus respuestas. ¿Coinciden? Si no es así, justifíquenlas.

PRONUNCIACIÓN

LAS PALABRAS ESDRÚJULAS

» Words that are stressed on the third-to-last syllable are called **esdrújulas**. These words always carry a written accent.

    ó-pe-ra   **mú**-si-ca   **mé**-di-co   **cá**-ma-ra   sim-**pá**-ti-co

10.1 Escucha las siguientes palabras y rodea la sílaba acentuada.

    a. te-le-fo-no   **c.** fan-tas-ti-co   **e.** in-for-ma-ti-ca   **g.** ul-ti-mo

    b. pa-gi-na   **d.** sa-ba-do   **f.** me-di-co   **h.** u-ni-co

10.2 Escribe la tilde en las palabras anteriores en su lugar correcto.

10.3 Escribe el plural de las siguientes palabras. Escribe la tilde en el lugar correcto.

    a. árbol ▶ ....   **d.** ángel ▶ ....   **g.** resumen ▶ ....

    b. cárcel ▶ ....   **e.** débil ▶ ....   **h.** examen ▶ ....

    c. lápiz ▶ ....   **f.** joven ▶ ....   **i.** fácil ▶ ....

árbol

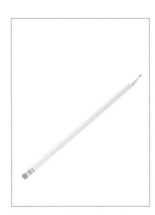

lápiz

cárcel

Efectivo o tarjeta

ANTES DEL VIDEO

10.1 Con tu compañero/a, observen la imagen 1 y contesten las preguntas. Basen sus respuestas en lo que creen que puede ocurrir. Usen su imaginación.

a. ¿Dónde están? **c.** ¿Qué está haciendo cada una?

b. ¿Quiénes son? **d.** ¿Qué crees que va a comprar?

10.2 Ordena las imágenes en orden cronológico. Basa tus respuestas en lo que crees que puede ocurrir. Usa tu imaginación.

☐ imagen 1 ☐ imagen 2 ☐ imagen 3 ☐ imagen 4 ☐ imagen 5 ☐ imagen 6

⚙ ESTRATEGIA

Identifying keywords
Underline the words in the following activities you think are keywords and will help you discern meaning. Then listen for them as you watch the espisode.

10.3 Mira el episodio y marca las frases que escuchas en el video. <u>Sí</u> <u>No</u>

a. Buenas tardes, ¿necesita ayuda? .... ☐ .... ☐

b. He visto que pone "rebajas" en el letrero de la puerta. .... ☐ .... ☐

c. ¿Cuánto cuestan los marcos de fotos? .... ☐ .... ☐

d. Sí, recuerde que está muy rebajado. .... ☐ .... ☐

e. ¡Uy! ¡Qué cara es! .... ☐ .... ☐

f. Quiero utilizar una tarjeta regalo para pagar. .... ☐ .... ☐

g. Sí, son bellísimas. ¿Me podría decir el precio? .... ☐ .... ☐

h. En total son 1.528 dólares. ¿Va a pagar en efectivo o con tarjeta? ..... ☐ .... ☐

DURANTE EL VIDEO

10.4 Elige la opción correcta. Después, vuelve a mirar el episodio para comprobar tus respuestas.

1. a. A Lorena le encanta comprar. **b.** Lorena se aburre cuando va de compras.

2. a. Lorena va a hacer un regalo a su madre. **b.** Lorena necesita decorar su apartamento.

3. a. La empleada no es amable con Lorena porque nada le gusta. **b.** La empleada es muy amable y está encantada con Lorena porque le gustan muchas cosas.

4. a. Lorena llama a Alfonso, pero tiene el número equivocado. **b.** Lorena llama a Juanjo, pero tiene el número equivocado.

5. a. Eli insiste en recoger a Lorena de la tienda con su coche. **b.** Lorena no le explica a Eli por qué la llama.

6. a. Lorena no compra todas las cosas porque no tiene dinero. **b.** Lorena no compra todas las cosas porque no tiene coche.

10.5 Ordena las frases según las escuchas.

`03:59 - 04:37`

a. ☐ **Lorena:** ¡Vaya! ¡Qué mala suerte! Voy a llamar a Juanjo. Él también tiene carro.

b. ☐ **Sebas:** No. Salió hace un rato. No sé dónde está. Dejó aquí su celular. ¿Quieres que le diga algo?

c. ☐ **Lorena:** ¡No lo puedo creer! ¡Tengo el número equivocado!

d. ☐ **Voz teléfono:** El número al que llama se encuentra apagado o fuera de cobertura. Puede dejar su mensaje después de oír la señal.

e. ☐ **Lorena:** No te preocupes. Voy a llamar a Alfonso. Adiós.

f. ☐ **Voz teléfono:** El número que usted ha marcado no existe. Por favor, verifíquelo.

g. ☐ **Lorena:** Hola, Sebas. ¿Está Eli?

10.6 Relaciona las frases con Lorena (L) o Eli (imágenes 4 y 6) y añade tres más para cada personaje.

a. ☐ Es castaña. **d.** ☐ Está de pie. **g.** ☐ Está en una tienda.

b. ☐ Es morena. **e.** ☐ Es simpática. **h.** ☐ Está en su casa.

c. ☐ Está sentada. **f.** ☐ Está tranquila. **i.** ☐ Está nerviosa.

Lorena: .... Eli: ....

....

....

10.7 Habla con tu compañero/a de los siguientes temas.

a. ¿Qué piensas de las rebajas? ¿Aprovechas *(take advantage of)* este periodo para comprar más? ¿Necesitas las cosas que compras?

b. ¿Normalmente vas a comprar solo/a o acompañado/a? ¿Cómo te gusta más?

c. ¿Alguna vez te ha pasado lo mismo que a Lorena?

DESPUÉS DEL VIDEO

GRAMÁTICA

1. VERBS *SER* AND *ESTAR*

» Use the verb **ser** to:

Identify a person or thing.
Ricardo es mi hermano.
Bogotá es una ciudad.

Describe **physical characteristics**.
Isaac es guapísimo.

Describe an **object** and what it's made of.
La mesa es de madera.

Describe **personality** and **character traits**.
Carmen es muy simpática.

Identify **origin** and **nationality**.
Carlo es italiano. Es de Italia.

Give **the time**.
Son las tres de la tarde.

Identify **professions**.
Francisco es profesor.

» Use the verb **estar** to:

Express **location**.
Javi no está en casa.
El bosque de Chapultepec está en México.
Mi casa está lejos de la escuela.

Describe **temporary situations** or conditions.
Laura está enferma.
Luis está muy triste.
La tienda está cerrada los domingos.

Adelante, está...
ABIERTO

Qué pena, está...
CERRADO

10.1 Completa las frases con *ser* o *estar*. Después, relaciona cada frase con su contrario.

① .... vieja

② .... solo

③ **son** .... mayores

④ **él está** .... dormido

⑤ **ella está** .... contenta

ⓐ **ellos son** .... jóvenes

ⓑ **está** .... despierto

ⓒ **está** .... acompañada

ⓓ **está** .... enfadada

ⓔ **está** .... nueva

10.2 Elige dos imágenes (una con *ser* y la otra con *estar*) y añade más información a la descripción. Usa tu imaginación y habla sobre las personalidades, aspectos físicos de las personas y por qué crees que están así. Intercambia tus ideas con un/a compañero/a.

2. ADJECTIVES WITH *SER* AND *ESTAR*

» Some adjectives in Spanish change meaning when used with **ser** or **estar**.

Adjective	**SER**	**ESTAR**
aburrido/a	*Ese libro es aburrido.* That book is boring.	*Estoy aburrido.* I am bored.
abierto/a	*Soy una persona abierta.* I am a sincere, candid person.	*El banco está abierto.* The bank is open.
listo/a	*¡Qué listo eres!* You are so smart!	*Ya estoy listo, vámonos.* I'm ready, let's go.
malo/a	*Ese gato no es malo.* That cat is not bad / evil.	*Ese gato está malo.* That cat is sick.
rico/a	*Carlos Slim es muy rico.* Carlos Slim is very rich.	*¡Las arepas que preparaste están muy ricas!* The arepas you prepared taste great!

10.3 Escribe una oración para cada imagen con *ser* o *estar* y uno de los adjetivos de la lista.

a. .... **b.** .... **c.** .... **d.** .... **e.** .... **f.** ....

3. PRESENT PROGRESSIVE TENSE

» The present progressive tense is used to express an action in progress or the continuity of an action. The expression is made up of the verb **estar** + present participle.

*Esta semana **estoy estudiando** mucho.* This week, I'm studying a lot.
*Ahora mismo **estoy comiendo**, te llamo luego.* Right now I'm eating, I will call you later.

» To form the present participle, add **–ando** to the stem of **–ar** verbs and **–iendo** to the stem of **–er** and **–ir** verbs.

–AR	–ER	–IR
trabajar ▸ trabajando *working*	correr ▸ corriendo *running*	escribir ▸ escribiendo *writing*

Some verbs have irregular present participles:

leer ▸ **leyendo** *reading*
dormir ▸ **durmiendo** *sleeping*
pedir ▸ **pidiendo** *asking, ordering*
oír ▸ **oyendo** *hearing*

10.4 Escoge una tarjeta y hazle las preguntas a tu compañero/a. ¿Quién contestó antes?

Estudiante 1:

¿Dónde estás si estás haciendo estas cosas?

a. Estás comprando un libro.

b. Estás durmiendo.

c. Estás tomando el sol.

d. Estás viendo una película.

e. Estás bailando.

Estudiante 2:

¿Qué hora es si estás haciendo estas cosas?

a. Estás desayunando.

b. Estás durmiendo.

c. Estás cenando.

d. Estás viendo la televisión.

e. Estás hablando español.

10.5 En grupos de tres y por turnos, describan qué está pasando en las imágenes. Incluyan todos los detalles posibles. Mientras uno de ustedes describe la escena, los otros tienen que marcar la situación que menciona. ¿Comprendieron bien sus compañeros?

Situación A	Situación B
Subes al autobús por la mañana. Describe qué ves.	Llegas a casa. Todos están en la cocina. Describe qué están haciendo.

Situación C

Llegas a la oficina tarde. Tus compañeros ya están allí. Describe qué están haciendo.

4. INFORMAL COMMANDS

>> Commands provide a different way to communicate with people. In English, everyday commands include saying things like: *Go straight and then make a left; Pass the salt, please;* and so on. In Spanish, informal commands are used to address a friend or someone you normally address as **tú** and are used to communicate instructions in the same way as in English.

>> Use commands when you need to give instructions and ask someone to do something.

>> Commands are also used to give advice or suggestions.

10.6 Escucha y completa las conversaciones.

 (81)

a. ● ...., ¿está en esta planta la tienda Movilandia?
   ● No, no. Para la sección de telefonía .... el elevador y .... a la tercera planta.

b. ● Hola, no sé cómo iniciar este iPod que compré ayer.
   ● Claro, no tiene batería, ... el cable.

c. ● ¿Sabes llegar al museo?
   ● Sí, ... la línea 2 del metro y .... en la primera parada.

d. ● ¿Puedo hablar un momento contigo *(with you)*?
   ● ...., ahora estoy escribiendo un e-mail muy importante, ... más tarde.

10.7 __ Vuelve a leer las conversaciones con un/a compañero/a y respondan.

	llamar la atención	dar una instrucción	dar una orden
a. *Perdona* se usa para…	☐	☐	☐
b. *Toma*, *sube*, *conecta* y *baja* se usan para…	☐	☐	☐
c. *Espera* y *vuelve* se usan para …	☐	☐	☐

» In Spanish, informal affirmative commands use a different form of the present tense.

Infinitive	**Tú** form, drop the **s**	Affirmative **tú** commands
tomar	tomas ▸ toma	**Toma** el metro. *Take the subway.*
volver	vuelves ▸ vuelve	**Vuelve** más tarde. *Come back later.*
subir	subes ▸ sube	**Sube** en el elevador. *Go up on the elevator.*

» Verbs that change stem in the present tense will also change stem in the **tú** command form.

	EMPEZAR E ▸ IE	**DORMIR** O ▸ UE	**SEGUIR** E ▸ I
tú	emp**ie**za	d**ue**rme	s**i**gue

» The following verbs have irregular **tú** commands in the affirmative.

Infinitive	oír	tener	venir	salir	ser	poner	hacer	decir	ir
Imperative	**oye**	**ten**	**ven**	**sal**	**sé**	**pon**	**haz**	**di**	**ve**

10.8 __ Gisela quiere aprender español y les pide consejo a sus amigas. Lee su conversación y completa los espacios en blanco con la forma correcta del imperativo. Compara tus respuestas con un/a compañero/a. ¿Qué consejo creen que es el más útil?

Gisela: ¿Qué puedo hacer para aprender español?
Toni: Para empezar, (a) .... (estudiar) las palabras del vocabulario y (b) .... (hacer) todos los ejercicios de gramática.
Karen: (c) .... (Leer) revistas en español. ¡Ah!, y (d) .... (llamar) a tu amiga de México. ¡(e) .... (Practicar) con ella!
Toni: Sí, también (f) .... (mirar) películas en español, (g) .... (escuchar) música latina, (h) .... (ir) a un restaurante español y (i) .... (pedir) en español.

10.9 __ Lee las situaciones y escoge una. Explícale la situación a tu compañero/a y pídele consejo. Tu compañero/a tiene que decirte tres cosas que hacer. Después, cambien de rol.

a. Tu compañero/a de cuarto (o de casa) está enojado. Dice que el cuarto es un desastre. Hay ropa sucia por todas partes, dice que nunca limpias el cuarto de baño y que no lavas los platos que ensucias. Pregúntale: **¿Qué hago?**

b. Quieres comprar un celular nuevo pero no sabes qué tipo quieres y en qué tienda lo debes comprar. Pregúntale: **¿Qué teléfono compro y dónde?**

c. Eres un/a estudiante nuevo/a y no conoces muy bien el campus. Tienes que ir a la oficina administrativa de la universidad después de la clase de español. Pregúntale: **¿Cómo voy?**

VIDEOCLASES
19 Y **20**

DESTREZAS

10.1 ¿Cuál de los siguientes medios de comunicación usas con más frecuencia? Ordénalos de más a menos usado.

a. ☐ carta
b. ☐ teléfono
c. ☐ mensaje de texto (sms)
d. ☐ correo electrónico
e. ☐ nota
f. ☐ chat
g. ☐ redes sociales
h. ☐ tarjetas de felicitación

⚙ ESTRATEGIA

Recognizing words from the same family

As you expand your vocabulary in Spanish, previously learned words can help you recognize vocabulary from the same family. You can often guess the meaning of new words you encounter in readings by using related words you have already learned with the same root. For example, *inolvidable* belongs to the same word family as *olvidar*. Find the words in the text you are able to understand because you recognize their derivatives and list them together.

10.2 Lee el siguiente texto sobre los beneficios de Internet para aprender idiomas.

Las ventajas de Internet

Inés estudia italiano en la universidad, es su asignatura favorita. Le gusta mucho el idioma, pero también la cultura italiana. El año pasado consiguió una beca Erasmus para estudiar en Roma.
–Fue una experiencia inolvidable porque allí pude hablar italiano todo el tiempo –comenta con sus amigas.
A su regreso a España, Inés piensa cada día qué puede hacer para seguir practicando. Ha preguntado a todo el mundo.
–Escribe a tus amigos de Roma –le dice su madre.
–Lee novelas de autores italianos, así puedes ampliar tu vocabulario –le comenta su profesor.
El consejo de su mejor amiga es practicar con canciones: "Escucha a cantantes italianos, con la música aprendes de una forma divertida".
Inés piensa que todos tienen razón, que todas las sugerencias de su familia son positivas, pero su amigo Elías ha encontrado la mejor:
–Tienes un montón de recursos en Internet para mejorar tu italiano. Úsalos.
–Es verdad –reconoce Inés.
–Incluso puedes encontrar un ciberamigo –añade Elías.
–Sí, buena idea –dice Inés–. Creo que si combino todos los consejos que tengo voy a mejorar mucho. Vamos a la biblioteca y me ayudas a buscar algunas páginas de Internet, ¿vale?
–¡Vamos! –responde Elías.

10.3 Inés recibe muchos consejos. Vuelve a leer el texto y completa el siguiente cuadro.

¿Qué consejo?	¿Quién se lo dio?

10.4 ¿Conoces el significado de estas palabras? Escribe una definición para cada una de ellas.

a. beca   b. un montón   c. inolvidable   d. ciberamigo

2. EXPRESIÓN ESCRITA

10.5 Piensa qué actividades haces para practicar y mejorar tu español y haz una lista. La siguiente tabla te puede ayudar a organizar tus ideas.

Para aprender vocabulario	Para entender más	Para expresarme mejor	Para saber usar las reglas gramaticales	Para saber más sobre la cultura

10.6 Escribe un correo a un/a compañero/a de clase que está empezando a estudiar español y dale algunos consejos sobre cómo aprender más dentro y fuera de clase. Basa tus consejos en tu propia experiencia.

⚙ ESTRATEGIA

Identifying your audience

When you write an e-mail to a friend, it is essential to organize it logically and to use the correct tone. In this type of informal communication, the greeting and closing of the e-mail is just as important as the content. Make sure your e-mail is clear. Two well-organized paragraphs should be sufficient to express your thoughts and ideas.

3. INTERACCIÓN ORAL

10.7 ¿Qué medios de comunicación crees que son más útiles cuando se trata de aprender un idioma? ¿Por qué?

Aprender idiomas

⚙ ESTRATEGIA

Preparing for an oral debate

Before you present an oral argument, make sure you have all the elements you need for an organized and clear argument. Prepare ahead of time the vocabulary you will need to present and defend your position. When listening to others, ask questions about their proposals and defend your own thoughtfully.

10.8 Debate con tu compañero/a sobre el punto anterior. ¿Coinciden ustedes en las respuestas? Defiendan su posición con argumentos claros.

Ciudad de México, capital de México

LAS REDES SOCIALES en México

El impacto de las redes sociales en América Latina es enorme. Argentina y México son dos de los países que más participan en estas redes. En México, el 40.6% de la población se conecta a Internet cada día y esta cifra sigue aumentando. Pero, ¿cuáles son los peligros* de estas redes?

Dos muchachas mexicanas consultan su celular.

Kany García, la cantante puertorriqueña de padre español, es una de las más buscadas en Internet en México.

LAS REDES SOCIALES EN AMÉRICA LATINA

El impacto de las redes sociales en América Latina es enorme. Argentina y México son los países donde más se usan. México, por ejemplo, tiene cuarenta y siete millones de usuarios diarios de Facebook, mientras que Argentina tiene veintidós millones. México, además, está en primer lugar en cuanto a usuarios de Twitter.

Cinco de los países más activos en las redes sociales en todo el mundo están en América Latina. Estos son: Argentina, México, Perú, Chile y Colombia.

La cifra de usuarios de redes sociales en toda América Latina será de 324.000 millones en 2017.

> ¿Usas Facebook? ¿Para qué lo usas? ¿Usas Twitter? ¿Cuál prefieres? ¿Por qué?

USUARIOS EN MÉXICO

Pero es México el país que más interesa a las redes sociales. Con una población de más de 113 millones de personas y menos de la mitad que se conecta a Internet a diario, todavía hay espacio para crecer*.

«Los mexicanos visitan Google, Facebook y Yahoo, y lo hacen durante un promedio de cuatro horas y nueve minutos al día. El 90% de usuarios de Internet usa Facebook en este país», dice María Gallanes, periodista de *Notimex*, la mayor agencia de noticias mexicana.

De hecho, México es ahora el quinto país del mundo que más se conecta a las redes sociales, por detrás de Rusia, Argentina, Tailandia y Turquía.

> Y tú, ¿cuánto tiempo te conectas a Internet cada día / semana / mes?

Las redes sociales en América Latina.

EL PODER DE LAS REDES SOCIALES

«Las redes sociales tienen mucho poder* en el mundo occidental y los mexicanos las han recibido con los brazos abiertos. Las redes sociales son un arma de doble filo* y los mexicanos se están dando cuenta de que no es oro todo lo que reluce*», dice Filiberto Cruz, investigador de seguridad en las redes sociales en México.

«Estas redes facilitan la comunicación en un país enorme, donde muchos jóvenes emigran a las grandes ciudades, dejando* a sus familias en ciudades más pequeñas o zonas rurales», continúa Cruz

«Las redes sociales son muy efectivas cuando se quiere promocionar o divulgar información o incluso denunciar algo», dice Cruz.

«Pero el crimen organizado también usa la información que todos publicamos en Internet de forma abierta. Hay que ir con cuidado*», comenta Filiberto Cruz.

> ¿Piensas que las redes sociales son poderosas? ¿Te parece positivo o negativo? ¿Por qué?

¿QUÉ INTERESA A LOS MEXICANOS?

Los sitios que más interesan a los mexicanos son los relacionados con los videos (96%), la música (70%), la televisión (46%) y las películas (37%). No obstante*, durante eventos como las elecciones presidenciales, los sitios de noticias y política reciben muchos más visitantes. Durante las últimas elecciones, por ejemplo, el 97.3% de usuarios mexicanos visitó estas páginas.

Facebook y Twitter, las redes favoritas en América Latina

> Y tú, ¿qué sitios sueles visitar?

¿QUÉ PIENSAN LOS JÓVENES?

«Yo soy consciente de la inseguridad», dice Manu López, estudiante de Ciencias Políticas en Ciudad de México. «Los estudiantes usamos las redes para intercambiar información, denunciar desigualdades o socializar con los amigos y la familia. Me parecen muy útiles».
«Se publica información de forma tan anónima que a veces es fácil no darse cuenta* de que todo el mundo puede acceder a ella», dice Rebeca Silva, estudiante de Economía.

> Y tú, ¿para qué usas las redes sociales? ¿Te preocupa la seguridad en la red?

REALIZA UNA INVESTIGACIÓN RÁPIDA EN INTERNET PARA ENCONTRAR LOS DATOS SIGUIENTES:

a ¿Cuántos usuarios de Facebook hay en EE. UU.?

b ¿En qué posición de usuarios de Facebook piensas que está EE. UU.?

c ¿Qué tres países tienen más usuarios de redes sociales?

VOCES LATINAS

Las redes sociales en México

un arma de doble filo – a double-edged sword	**dejando** – leaving	**no obstante** – however
crecer – to grow	**ir con cuidado** – to be careful	**el peligro** – danger
darse cuenta – to realize	**no es oro todo lo que reluce** – all that glitters is not gold	**el poder** – power

Fuentes: Pew Research, *El País*, *Business Review America Latina*, *La Nación*, Comscore, Facebook, Twitter, eMarketingHoy, Translate Media, *El Universal*, *Notimex*, mediameasurement.com y entrevistas.

EN RESUMEN

¿QUÉ HAS APRENDIDO?

Situación

¡Feliz cumpleaños, Mar!
Your friend's birthday is coming up and you and your friends
want to do something special to celebrate.

LEARNING OUTCOMES

	ACTION

Talk about stores and shopping for gifts

10.1 Tus dos amigos y tú van a hacerle un regalo de grupo y una cena especial para celebrar el cumpleaños de Mar. Se reúnen en un café para hacer planes. Decidan qué van a comprar, quién lo va a comprar, dónde y cómo lo van a pagar. Hablen también sobre la cena y qué va a preparar cada uno. Usen el vocabulario de la unidad y el imperativo para asignar tareas.

Ask for an item and how much it costs

10.2 Tus amigos te eligen a ti para comprar el regalo. Basándote en las decisiones que hicieron en la actividad anterior (regalo, tienda, precio), ve a comprar el regalo. Elabora con un/a compañero/a una conversación de la escena en la tienda. Usen las expresiones típicas en una conversación entre cliente y dependiente.

Use typical phrases in a phone conversation

10.3 Es el día del cumpleaños de tu amiga, Mar, y tus amigos (David, Chema, Víctor y Beatriz) acaban de llegar. En ese momento recibes una llamada telefónica de Celia, una amiga que está enferma y no puede venir. Cuéntale qué están haciendo todos. Usa las expresiones típicas en una conversación telefónica.

Talk about new technologies

10.4 Durante la cena, sale el tema de los últimos modelos de teléfonos inteligentes. Habla con tus compañeros sobre los teléfonos y las nuevas tecnologías. Tienen que decir los pros y los contras de estas tecnologías y cómo las usan.

LISTA DE VOCABULARIO

Las tiendas The stores

la carnicería meat department / butcher shop
la frutería fruit and vegetable store
los grandes almacenes department store
la librería bookstore
la panadería bakery (bread)
la pastelería bakery (cakes and pastries)
la perfumería beauty supply shop
la pescadería fish store / market
el supermercado supermarket
la tienda de electrónica electronics store
la tienda de ropa clothing store
la zapatería shoe store

En la tienda In the store

¿Cómo va a pagar? How are you paying?
el consumidor consumer
¿Cuánto cuesta? How much does it cost?
¿Cuánto es? How much is it?
la cuenta the check
de rebajas on sale
en efectivo in cash
el escaparate shop window
hacer la compra to do the food shopping

ir de compras to go shopping
¿Me podría decir el precio? Could you tell me the price?
la publicidad publicity, advertisement
¿Qué precio tiene? What is the price?
tarjeta de crédito / débito credit / debit card
tarjeta de regalo gift card

Por teléfono On the phone

¿Aló? Hello (when answering the telephone)
¿Bueno? Hello (when answering the telephone)
¿De parte de quién? Who is calling?
dejar un mensaje to leave a message
¿Dígame? Hello (when answering the telephone)
la llamada perdida missed call
No contesta. No answer.
el número equivocado wrong number
¿Se encuentra…? Is… there?
¿Sí? Hello (when answering the telephone)
suena ocupado busy signal

Descripciones Descriptions

acompañado/a accompanied
abierto/a candid, open
aburrido/a boring, bored
despierto/a awake
dormido/a asleep
listo/a smart, ready
malo/a bad, sick
ocupado/a busy
rico/a rich, tasty
solo/a alone

Palabras y expresiones útiles
Useful words and expressions

las desventajas disadvantages
¡Qué + adjetivo! How + adjective
¡Qué + sustantivo + más + adjetivo! What a + adjective + noun
¡Qué + sustantivo + tan + adjetivo! What a + adjective + noun
las ventajas advantages

11
ERAN OTROS TIEMPOS

Hablamos de…	Vocabulario y comunicación	¡En vivo!	Gramática	Destrezas	Sabor latino	En resumen
• El pasado	• **Las características:** Asking and giving opinions and asking why • **Las personalidades:** Expressing agreement and disagreement **Pronunciación** • Los diptongos	• **Episodio 11 Nuestra serie favorita:** Listening for specific information	• Imperfect tense of regular verbs • Time expressions with the imperfect • Imperfect tense of irregular verbs	• **Viaje en el tiempo** – **Comprensión de lectura:** Identifying historical dates and events – **Expresión escrita:** Using the Internet to research a topic – **Interacción oral:** Visualizing your topic	• **El doce de octubre**	• **Situación:** Una reunión familiar • Vocabulario

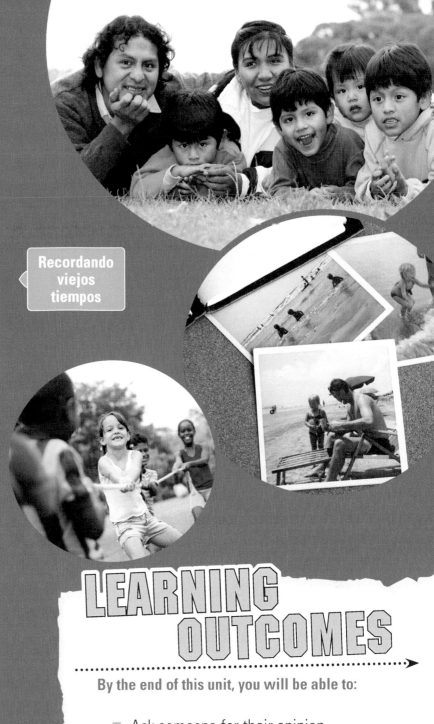

Recordando viejos tiempos

- ¿Quiénes aparecen en la foto y qué están haciendo?
- ¿Tienes recuerdos de tu familia? ¿Y de tu infancia?
- ¿Te gusta escuchar historias sobre el pasado de tus padres y abuelos?
- ¿Tienes fotos antiguas?

LEARNING OUTCOMES

By the end of this unit, you will be able to:

- Ask someone for their opinion
- Give your own opinion
- Express agreement and disagreement
- Describe personalities and characteristics
- Talk about the past and the way things used to be

11.1 Observa la imagen de Julián y su familia y contesta las preguntas.

a. ¿Quiénes son estas personas?

b. ¿Qué relación familiar tienen entre ellos?

c. ¿Dónde están?

d. ¿Qué están haciendo?

e. ¿Qué ropa llevan?

f. ¿Cuál es su estado de ánimo?

g. ¿Quién hace la foto?

h. ¿Qué día de la semana crees que es?

11.2 Escucha la conversación entre Julián y su abuelo Esteban y responde las preguntas.

Julián: ¿Qué es eso, abuelo?

Abuelo: Un álbum de fotos antiguas.

J.: A ver. ¡Qué joven te ves en esta foto! ¿Por qué vas vestido así?

A.: Porque yo jugaba en el equipo de béisbol de la universidad.

J.: ¿Eras jugador de béisbol, abuelo? **¡Anda ya!**

A.: Que sí, y entrenábamos todos los días.

J.: ¿En serio? Cuéntame más.

A.: Bueno, eran otros tiempos, **yo creo que** más difíciles.

J.: ¡Qué va! Ahora, es casi imposible jugar en el equipo de la universidad.

A.: No estoy de acuerdo contigo. Simplemente hay que trabajar duro.

J.: Si tú lo dices… ¿Y qué otras cosas hacías cuando tenías mi edad?

A.: Como a tu edad trabajaba mucho, solo salía con los amigos algunos fines de semana.

J.: ¿Ibas a la discoteca?

A.: No, *je, je.* Antes no había muchas, hacíamos fiestas en las casas de los amigos. También íbamos los domingos al campo para pasar el día. Pero debía regresar temprano a casa, porque me despertaba muy pronto los lunes para ir a trabajar.

J.: ¡Qué vida tan diferente!

a. ¿Qué trajo el abuelo Esteban a casa de Julián?

b. ¿Qué piensa Julián de la foto de su abuelo?

c. ¿Cree Julián que su abuelo jugaba en el equipo de béisbol de la universidad?

d. ¿Qué opina el abuelo de su época?

e. ¿Cree Esteban que es imposible jugar ahora en el equipo de béisbol de la universidad?

f. ¿Qué hacía el abuelo los fines de semana?

11.3 Completa las siguientes frases utilizando las expresiones en negrita de la conversación anterior.

a. ● .... la vida antes era mejor que ahora.

● .... con tu opinión.

c. ● Me dijo que de joven era millonario.

● .... No lo creo

b. ● ¿Entonces no quieres venir?

● .... Seguro que la reunión es muy aburrida.

d. ● A mí me parece que los muchachos de ahora lo tienen todo muy fácil.

● Yo pienso que no, pero ....

11.4 Clasifica las expresiones del ejercicio anterior en la columna correcta, siguiendo el ejemplo.

Dar una opinión	👍 Expresar acuerdo (agreement)	Expresar acuerdo parcial	👎 Expresar desacuerdo
	Estoy de acuerdo.		

11.5 Usa otra vez estas expresiones para mostrar acuerdo o desacuerdo. Trabaja con tu compañero/a.

Modelo: En general, la vida de mi abuelo era más divertida que la mía.

E1: Estoy de acuerdo.

E2: ¡Qué va!

a. En general, la vida de mis padres era más fácil que la mía.

b. Mis padres tenían más tiempo libre que yo.

c. Mis padres hacían más deporte que yo cuando ellos tenían veinte años.

d. Mis padres tenían que estudiar más que yo.

APUNTES: El béisbol en República Dominicana

✓ El béisbol es el deporte nacional de República Dominicana, y se practica desde 1866.

✓ En este país hay muchos jugadores famosos, como Alfonso Soriano, Alberto Pujols y David Ortiz, que juegan en Estados Unidos. Hasta el momento, más de 385 jugadores dominicanos han participado en las grandes ligas.

✓ Los jugadores dominicanos ganaron en 2013 el Clásico Mundial de Béisbol, una competición internacional muy importante.

✓ República Dominicana ha llegado a ser el principal lugar de entrenamiento de béisbol fuera de los Estados Unidos.

VOCABULARIO Y COMUNICACIÓN

1.A VOCABULARIO: LAS CARACTERÍSTICAS

11.1   Los siguientes adjetivos se usan para hablar de características de lugares y cosas. Relaciona el adjetivo con su definición en inglés.

1. impresionante		**a.** *entertaining, enjoyable*
2. práctico/a		**b.** *healthy*
3. emocionante		**c.** *impressive*
4. aburrido/a		**d.** *dangerous*
5. relajante		**e.** *relaxing*
6. peligroso/a		**f.** *practical*
7. entretenido/a		**g.** *exciting*
8. saludable		**h.** *boring*

La Patagonia es impresionante.

Montar en las barcas de Xochimilco es entretenido.

11.2   Completa las frases con los adjetivos aprendidos.

a. Me encanta hacer *puenting*. Es muy ....

b. Para mí, hacer caminatas por la montaña es .... Prefiero la playa.

c. El Salto Ángel, en Venezuela, es .... Mide 979 metros de altura.

d. El diccionario online de la Real Academia de la Lengua Española es muy .... Puedes consultar palabras fácilmente.

e. Para mi madre lo más .... es ir a un spa en Hidalgo, México.

f. Mis amigos corren por Central Park porque es muy ....

g. Mis padres piensan que montar en motocicleta es .... y por eso no me permiten comprarme una.

h. Me encanta ir de compras. Para mí es muy .... ir de tienda en tienda.

11.3   ¿Cuáles son los adjetivos opuestos a los siguientes? Puedes consultar la lista de 11.1 para responder. Después, pon ejemplos de actividades que, para ti, representan estos adjetivos.

> **Modelo:** Para mí, usar el GPS es práctico, pero consultar mapas es inútil.

a. .... ≠ inútil	**d.** .... ≠ normal y corriente
b. .... ≠ monótono/a	**e.** .... ≠ estresante
c. .... ≠ poco saludable	**f.** .... ≠ seguro/a

11.4 Escribe tus respuestas a estas preguntas. Usa tu imaginación.

¿Qué es para ti…

a. …un deporte peligroso?

b. …una tarde aburrida?

c. …un monumento impresionante?

d. …un objeto práctico?

e. …una película entretenida?

f. …un hábito saludable?

g. …una actividad relajante?

h. …un momento emocionante?

11.5 ¿Cómo clasificarías estas situaciones? Usa los adjetivos que has aprendido. Ahora, compara con tu compañero/a. ¿Tienen las mismas respuestas?

> **Modelo:** Llevar siempre tu tarjeta de crédito.
> Llevar siempre mi tarjeta de crédito es una costumbre muy práctica.

a. Correr todos los días veinte minutos.

b. Caminar solo a las cuatro de la mañana en una ciudad desconocida.

c. Pelar cinco kilos de papas.

d. Dormir la siesta en una hamaca junto al mar.

e. Un día sin usar el celular.

f. Un paseo en helicóptero sobre el volcán Arenal en Costa Rica.

g. Saltar en paracaídas desde un avión.

11.6 ¡Vamos a jugar! Trabajen en parejas para completar la tabla con actividades, lugares, momentos… según los adjetivos de las columnas. Sigan el modelo. Avisen cuando hayan completado su tabla. Por cada actividad correcta no repetida, reciben un punto. La pareja con más puntos gana.

impresionante	práctico/a	peligroso/a	emocionante	saludable
el glaciar Perito Moreno	llevar una batería de repuesto para el celular	montar en bici sin casco	montar en globo	comer fruta

» Para **preguntar por una opinión**:

¿Qué piensas / opinas sobre las películas de Alfonso Cuarón?

¿Qué te parece su última película?

¿Cuál es tu opinión sobre su trabajo como director de cine?

» Para **dar una opinión** positiva o negativa:

(Yo) **pienso / creo / opino que** (no) son muy buenas.

(A mí) **me parece que** (no) tiene un buen argumento.

A mí (no) **me parece un** buen director.

» Para **expresar duda**:

No te puedo decir.   **No sé qué decir.**   **¡Yo qué sé!**

» Para preguntar y responder el porqué de algo, se usa **¿por qué?** y **porque**:

● **¿Por qué** estudias español?

● (Estudio español) **Porque** me gusta mucho.

El director de cine mexicano
Alfonso Cuarón

11.7   Relaciona cada pregunta con una respuesta lógica.

1. ¿Cuál es tu opinión sobre el señor Benítez?
2. ¿Crees que el español es fácil de aprender?
3. Opino que el queso español es fantástico.
4. ¿Qué piensas sobre los libros de J. K. Rowling?
5. ¿Qué te parece la nueva profesora?
6. Pienso que Inglaterra es un país bonito.

a. Para mí, no. Prefiero el francés.
b. Opino que son muy buenos.
c. En mi opinión, es un buen director.
d. Me parece que es muy inteligente.
e. Creo que sí.
f. Sí, es verdad.

11.8   ¿Estás de acuerdo con las siguientes opiniones? Escribe si estás de acuerdo o no y explica por qué.

a. Cálculo es la materia más difícil de este año.
b. El mejor deporte es el baloncesto.
c. Las películas que vimos este año fueron horribles.
d. El chino es la lengua más importante del mundo.

11.9   Por turnos, pregunta a tu compañero/a su opinión sobre los temas indicados. Justifiquen sus opiniones explicando por qué. Sigan el modelo.

(Modelo:) E1: ¿Qué piensas de los gatos?

E2: No me gustan.

E1: ¿Por qué?

E2: Porque no son sociables.

Estudiante 1:

Pregunta a tu compañero/a por:

los hámsteres	los idiomas
el fútbol	bailar
la música romántica	la comida rápida

Estudiante 2:

Pregunta a tu compañero/a por:

los perros	el rap
el básquetbol	el dinero
la literatura	la comida vegetariana

11.10 Con tu compañero/a, expresen su opinión sobre los siguientes temas. Si no están de acuerdo, justifiquen su respuesta explicando por qué.

Modelo: Yo creo que las redes sociales son muy entretenidas, pero también un poco peligrosas. ¿Tú qué opinas?

las redes sociales

las vacaciones

los deportes

tu pueblo o ciudad

los parques de atracciones

11.11 Une los adjetivos con su imagen correspondiente. Después, escucha el audio para comprobar tus respuestas.

a. ruidosos   **d.** soso   **g.** perezoso

b. bromista   **e.** cariñoso   **h.** impuntual

c. estresada   **f.** habladora

 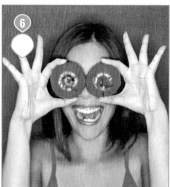  

11.12 Relaciona los adjetivos de la actividad anterior con sus opuestos.

a. frío/a ▶ ....   **e.** silencioso/a ▶ ....

b. callado/a ▶ ....   **f.** trabajador/a ▶ ....

c. aburrido/a ▶ ....   **g.** puntual ▶ ....

d. divertido/a ▶ ....   **h.** tranquilo/a ▶ ....

11.13 Julio está describiendo a su familia y a sus amigos. Lee las oraciones y añade la palabra apropiada para completar las descripciones. Después, compara tus respuestas con las de un/a compañero/a.

a. Mi abuela siempre me da besos y me abraza. Es una persona ....

b. Los amigos de mi hermano hacen mucho ruido cuando vienen a casa. Son muy ....

c. A mi tío le gusta hacer bromas y nunca habla en serio. Es ....

d. Mi hermana no hace nada en casa. Nunca jamás limpia su habitación. Es muy ....

e. Casi nunca llega a la hora. Es bastante ....

f. Es bastante amable, pero no tiene mucho sentido del humor. Es una muchacha muy ....

11.14 Escucha cómo Javier cómo describe a Ana y a Daniel. Después, escribe los rasgos de sus personalidades.

Ana ▶ .... , ... y ....

Daniel ▶ .... , ... y ....

11.15 Completa la tabla describiendo a las personas que se indican. Usa los adjetivos que has aprendido y explica por qué los usas. Después, comparte las descripciones con tu compañero/a. Sigan el modelo.

¿Quién?	Descripción	¿Por qué?
yo	muy hablador	Siempre estoy hablando por teléfono.
Yo		
Mi mejor amigo/a		
Mi hermano/a		
Mis profesores		
Tu compañero/a		

To intensify the meaning of an adjective, use:

muy   un poco

bastante   a veces

To soften the meaning of an adjective that may be perceived as negative, use "un poco":

*Yo soy **un poco** perezosa por las mañanas. No me gusta levantarme temprano.*

Modelo: E1: ¿Cómo eres?

E2: Soy muy hablador. Siempre estoy hablando por teléfono. ¿Y tú?

E1: Yo soy bastante... ¿Cómo es/son tus...?

11.16 Escribe un texto breve sobre ti e incluye algunas de las cosas que te gusta hacer. En grupos de tres o cuatro, intercambien sus textos. Cada uno debe leer el párrafo de otra persona y adivinar quién lo escribió. Después, hagan turnos para añadir información sobre lo que piensan uno del otro.

Modelo: Yo soy un muchacho deportista y muy sociable. Mis amigos dicen que soy divertido y hablador. Me gusta jugar al fútbol y hablar por teléfono.

11.17 ¿Te sorprendió alguna descripción de tus compañeros? ¿Por qué?

» **Acuerdo total**
Estoy de acuerdo (contigo).
¡Totalmente!
¡Por supuesto!
Tienes razón.
¡Sí, claro!

» **Acuerdo parcial**
Estoy en parte de acuerdo (contigo).
No estoy totalmente de acuerdo
contigo.
Si tú lo dices…

» **Desacuerdo**
No estoy de acuerdo
(contigo).
¡Para nada!
¡Anda ya!
¡Qué va!
¡Que no!
¡Qué dices!

Note that unlike English, double negatives are grammatically correct in Spanish.

» Se usan expresiones negativas como **para nada**, **ni**, **nunca jamás** para reforzar el significado de **no**.
No me gustó *para nada*.
*Tú **no** tienes **ni** idea de lo que estás hablando.*
No quiero hablar de eso *nunca jamás*.

11.18 Lee las siguientes opiniones y expresa acuerdo o desacuerdo, según las indicaciones.

● ● ●   La web de amigos

a. Manuel y Esteban son muy ruidosos. Siempre están molestando en clase.
acuerdo total ▶ ....

b. Mis hijos son muy perezosos, ayudan poco en casa.
desacuerdo ▶ ....

c. Guillermo es muy bromista. Me encanta estar con él.
acuerdo parcial ▶ ....

d. El profesor de español es muy puntual. Siempre está en clase antes de la hora.
acuerdo total ▶ ....

11.19 Escucha y completa las siguientes conversaciones con la expresión que falta. Después, escoge el significado correcto de esa expresión.

1. ● Hay unas nubes muy negras en el cielo, yo creo que esta tarde va a llover.

   ● ....

   a. ☐ la mujer cree que va a llover.
   b. ☐ la mujer cree que no va a llover.

2. ● ¿Tú crees que el cine latinoamericano está de moda? A mí me parece que sí. Hay muchas películas en este momento con proyección internacional, ¿verdad?

   ● Uf, ...

   a. ☐ la mujer no está de acuerdo con él.
   b. ☐ la mujer está de acuerdo parcialmente con él.

3. ● ¡Mira qué vestido tan bonito! ¿Por qué no te lo compras? Seguro que te ves muy bien, ¿no crees?

   ● ....

   a. ☐ la mujer está de acuerdo con él.
   b. ☐ la mujer no está de acuerdo con él.

11.20 Prepara tus respuestas sobre los siguientes temas y explica por qué. Después, comparte tu opinión con un/a compañero/a y comenta su reacción. ¿Están de acuerdo en alguno de los temas?

el mejor cantante
la mejor película
la mejor comida
la mejor ciudad

Modelo: el mejor director de cine

E1: Para mí, Guillermo del Toro es el mejor director de cine mexicano, es muy trabajador y hace películas de mucha acción.

E2: ¡Totalmente! / No estoy totalmente de acuerdo contigo. / ¡Qué va!

PRONUNCIACIÓN

LOS DIPTONGOS

» Diphthongs are combinations of vowels that form a single syllable. Their individual vowel sounds do not change, but they blend together to form a single syllable. Diphthongs occur when:
   – the vowels **i** and **u** appear together in the same syllable;
   – the vowel **i** appears in combination with either **a**, **e**, **o** in the same syllable;
   – the vowel **u** appears in combination with either **a**, **e**, **o** in the same syllable.

– **i** and **u** together: f**ui**mos ▶ fui-mos
                      c**iu**dad ▶ ciu-dad

– **i** and **a** together: p**ia**no ▶ pia-no
                      b**ai**lar ▶ bai-lar

– **i** and **e** together: p**ie**nso ▶ pien-so
                      vól**ei**bol ▶ vó-lei-bol

– **i** and **o** together: s**oi**s ▶ sois
                      millonar**io** ▶ mi-llo-na-rio

– **u** and **a** together: c**ua**dro ▶ cua-dro
                      auto ▶ au-to

– **u** and **e** together: f**ue**go ▶ fue-go
                      d**eu**da ▶ deu-da

– **u** and **o** together: antig**uo** ▶ an-ti-guo
                      estad**ou**nidense ▶ es-ta-dou-ni-den-se

» As long as these pairs of vowels are together, they will form a diphthong, regardless of which one comes first: *ai-re*, *via*je.

» Note that, when there is a written accent over the letters **i** / **u**, the diphthong is broken or "split" and the two vowels are pronounced separately: *dí-a; ba-úl*.

11.1 Separa las siguientes palabras en sílabas.

a. aunque   c. Europa   e. tierra   g. ciudad   i. trueno   k. automóvil

b. aire   d. reina   f. radio   h. agua   j. fuimos   l. muy

Nuestra serie favorita

ANTES DEL VIDEO

11.1 Con tu compañero/a, respondan las preguntas.

a. ¿Conoces la serie *Juego de tronos*? ¿Te gusta?
b. ¿Cuál es el argumento *(plot)* de esta serie?
c. ¿Qué series son tus favoritas?

11.2 Mira las imágenes y relaciónalas con las siguientes frases. Basa tus respuestas en lo que sabes ya de los personajes. Usa tu imaginación.

a. Leyó los libros antes de ver la serie.
b. Está viendo la serie con Juanjo.
c. Le ha gustado muchísimo el episodio.
d. Salta encima del sofá después de ver un episodio.
e. Está viendo la serie encima de la cama.
f. Está viendo la serie con Sebas.

DURANTE EL VIDEO

11.3 ¿Quién dice estas frases? Relaciónalas con las imágenes de los amigos.

a. Cada episodio es mejor que el anterior.   Imagen ....
b. Me encanta ese tipo. ¡Es el mejor!   Imagen ....
c. Los libros son mejores aún que la serie.   Imagen ....
d. Esta es la mejor serie de la historia.   Imagen ....
e. ¡Está padrísimo!   Imagen ....
f. ¡Maravilloso! ¡Qué gran episodio!   Imagen ....

 ESTRATEGIA

Listening for specific information
When you listen to someone talking about something or someone, one of the most important things is to listen the adjectives they use and not necessarily every word they use. Adjectives serve as keywords not only to decipher meaning, but also help to interpret the speaker's point of view.

11.4 Vuelve a mirar el episodio y escribe los adjetivos que se dicen sobre cada personaje.

Tyrion	Jon Snow	Arya Stark	Bran Stark	Daenerys	Tywin Lannister

11.5
01:08 - 01:35

Mira este segmento otra vez y compáralo con esta conversación. Señala las cinco diferencias que hay.

- ☐ Maravilloso, ¡qué buen episodio!
- ☐ Sí, esta serie es absolutamente fantástica.
- ☐ Me encantan casi todos los personajes, ¡son tan fascinantes! ¿No te parece?
- ☐ Sí, pero mi preferido es Tywin Lannister.
- ☐ Pero, ¡qué dices!
- ☐ En serio, me encanta. Es el que tiene la personalidad más fuerte, me encanta.
- ☐ ¡No lo puedo creer!

11.6 Completa como en el modelo.

Modelo: Es muy guapo. Es guapísimo.

a. Es muy inteligente. Es…
b. Es muy importante. Es…
c. Es muy divertido. Es…
d. Es muy interesante. Es…
e. Es muy viejo. Es…

11.7 Con un/a compañero/a, elaboren una conversación similar a la de los protagonistas del episodio. Comenten qué les pareció la serie, cuál es su personaje favorito y por qué. Representen la conversación delante de la clase.

11.8  Escucha a tus compañeros y marca en el cuadro en qué cosas están de acuerdo y en cuáles no.

Misma opinión	Opinión diferente

DESPUÉS DEL VIDEO

GRAMÁTICA

1. IMPERFECT TENSE OF REGULAR VERBS

» You have already learned to talk about actions in the past using the preterit tense. Spanish has another past tense, the imperfect, which has different uses from the preterit. Here are the forms of regular verbs in the imperfect.

	HABLAR	**COMER**	**VIVIR**
yo	habl**aba**	com**ía**	viv**ía**
tú	habl**abas**	com**ías**	viv**ías**
usted/él/ella	habl**aba**	com**ía**	viv**ía**
nosotros/as	hablá**bamos**	com**íamos**	viv**íamos**
vosotros/as	hablab**ais**	com**íais**	viv**íais**
ustedes/ellos/ellas	hablab**an**	com**ían**	viv**ían**

» Notice the accent mark over the **í** in all the endings for –**er** and –**ir** verbs. Only the **nosotros** form has an accent in –**ar** verbs.

» Verbs that change stem in the present do not change stem in the imperfect.
   Cuando **tenía** cinco años **quería** ser veterinaria. *When I was five years old, I wanted to be a veterinarian.*

» The imperfect form of **hay** is **había**.
   Antes **había** más tiempo libre. *Before, there used to be more free time.*

jugar

» The imperfect is used:

– To express habitual actions or ongoing actions in the past.
   Antes **salíamos** todos los fines de semana. *Before, we went (used to go) out on weekends.*
   Cuando **era** niño, **tenía** mucha energía. *When I was a child, I had (used to have) a lot of energy.*

– To describe people or circumstances in the past.
   Mi abuelo **era** muy trabajador. *My grandfather was very hardworking.*

– To "set the stage" for an event that occurred in the past.
   Aquella tarde yo **estaba** leyendo en el parque cuando empezó a llover. *That afternoon, I was reading in the park when it started to rain.*

11.1 El abuelo de Diego está recordando algunas de las cosas que hacía en Ecuador cuando era niño. Completa el texto con la forma correcta del imperfecto del verbo adecuado. Compara tus respuestas con un/a compañero/a.

Mira, Diego, cuando yo era niño, solo (a) .... (querer / tener) jugar y estar fuera. (b) .... (jugar / pasar) a las escondidas *(hide and seek)* con mis amigos. Me (c) .... (gastar / gustar) correr detrás de ellos cuando los encontraba. También (d) .... (tener / poder) un yoyó con el que siempre (e) .... (hacer / trabajar) trucos. En esa época, la moneda de Ecuador era el sucre. Con un sucre (f) .... (comprar / decir) montones de dulces. A menudo mi mamá me (g) .... (pasar / llevar) al parque y allí (h) .... (subir / leer) a los columpios *(swings)* y (i) .... (pasar / comer) allí toda la tarde. ¡Qué buenos tiempos aquellos!

11.2 Escribe tres frases sobre qué hacías cuando eras pequeño/a. Una de ellas debe ser falsa. Tu compañero/a tiene que adivinar cuál es.

11.3 ¡Vamos a jugar! Con tu compañero/a, hagan turnos para conjugar en imperfecto los verbos de la tabla. Para ganar el juego, consigan tres en raya *(in a row)*. Continúen jugando para ver cuántas veces pueden ganar. ¿Quién es el campeón?

preparar (él)	vivir (nosotras)	estudiar (ella)	viajar (tú)	leer (ellos)	abrir (él)
trabajar (yo)	hablar (ustedes)	tener (ellas)	dormir (nosotros)	beber (tú)	correr (nosotros)
comer (ellos)	jugar (tú)	cantar (yo)	salir (ustedes)	tomar (ella)	hacer (ellos)

2. TIME EXPRESSIONS WITH THE IMPERFECT

» The imperfect is often used with the following expressions that describe habitual or ongoing actions in the past.

– antes

Antes me gustaba el chocolate, ahora no.
Before, I used to like chocolate a lot, now I don't.

– entonces

Entonces la vida en México era diferente.
Back then, life in Mexico used to be different.

– de pequeño/a

De pequeño jugaba mucho.
When I was a child, I used to play a lot.

– de joven

De joven mi madre pasaba los veranos con sus abuelos.
When she was young, my mother used to spend her summers with her grandparents.

– cuando

Cuando Pedro estudiaba en la universidad, no salía mucho. *When Pedro studied at the university, he didn't go out much.*

11.4 Completa las oraciones con una expresión de la lista y la forma correcta del verbo en el imperfecto.

de pequeño/a • antes • de joven • cuando

a. De pequeño, las mujeres no (trabajar) trabajaban fuera de casa.
b. De joven mis padres eran jóvenes, (pasar) pasaban los fines de semana en el campo.
c. Antes, mi abuela (tener) tenía más energía y (jugar) jugaba mucho con nosotros.
d. Cuando (tomar, yo) tomaba el autobús para ir a la escuela.

11.5 Con un/a compañero/a, hablen sobre lo que hacían en el pasado y lo que hacen ahora. Usen las actividades de la lista y las expresiones de tiempo.

Modelo: De pequeño, montaba en monopatín. Ahora, juego al fútbol.

– acostarse a las…
– escuchar (tipo de música)…
– leer…
– salir con…
– celebrar…
– estudiar…

– levantarse a las…
– usar la computadora para…
– comer…
– jugar…
– querer ser (profesión)…
– vivir en…

3. IMPERFECT TENSE OF IRREGULAR VERBS

>> There are only three irregular verbs in the imperfect tense.

	SER	VER	IR
yo	era	veía	iba
tú	eras	veías	ibas
usted/él/ella	era	veía	iba
nosotros/as	éramos	veíamos	íbamos
vosotros/as	erais	veíais	ibais
ustedes/ellos/ellas	eran	veían	iban

11.6 Julián escribió una redacción sobre la época de su abuelo. Completa el texto conjugando los verbos en el imperfecto.

La España de los 60

En casa, mi abuelo dice que cuando él (a) .... (ser) niño, la situación en España (b) .... (ser) más difícil que ahora. Busqué en Internet algunas cosas sobre esa época. Por ejemplo, España (c) .... (estar) gobernada por Franco y en nuestro país (d) .... (haber) una dictadura, lo que significa, entre otras cosas, que la gente no (e) .... (tener) libertad.

También (f) .... (haber) muchas personas que (g) .... (emigrar) a otros países europeos como Francia, Alemania o Suiza en busca de trabajo.

Las familias (h) .... (ser) muy grandes. Las mujeres (i) .... (poder) tener una media de cuatro o cinco hijos y habitualmente no (j) .... (trabajar) fuera de casa. Muchas familias no (k) .... (tener) coche ni (l) .... (ver) la televisión. Tampoco (m) .... (ir) de vacaciones al extranjero. Las principales aficiones de los españoles (n) .... (ser) el fútbol y las corridas de toros.

¡Cómo hemos cambiado!

11.7 Compara tus respuestas de la actividad anterior con un/a compañero/a. Después, vuelvan a leer el texto y respondan las siguientes preguntas.

a. ¿Quién gobernaba durante esa época *(period)*? ¿Era presidente o dictador?

b. ¿Qué tenía la gente? ¿Qué cosas no tenía?

c. ¿Adónde iban muchas personas? ¿Qué buscaban?

d. ¿Cómo era la vida de las mujeres?

11.8 ¿Cómo era la vida en los años 60 en tu zona de Estados Unidos? Escribe un párrafo describiendo esa época de la historia. Investiga en Internet si necesitas más información. Sigue las siguientes pautas *(guidelines)*.

– ¿La vida era más fácil o difícil que ahora? ¿Por qué?

– ¿Cómo era la vida de las mujeres?

– ¿Iban las familias de vacaciones? ¿A qué otros lugares iban?

11.9 Escucha ahora esta grabación en la que diferentes personas hablan de cómo Internet cambió sus vidas. Señala para qué usan Internet.

	Chatear	Correo electrónico	Información cultural	Vacaciones
a. Llamada 1	☐	☐	☐	☐
b. Llamada 2	☐	☐	☐	☐
c. Llamada 3	☐	☐	☐	☐

11.10 Escucha otra vez y relaciona cada afirmación con la persona a quien describe.

	María	Pedro	Rosa
a. Antes perdía mucho tiempo planeando sus vacaciones.	☐	☐	☐
b. Antes era más difícil conocer a gente nueva.	☐	☐	☐
c. Antes solo podía hacer un par de excursiones.	☐	☐	☐
d. Antes solo iba a los museos de la ciudad.	☐	☐	☐
e. Antes no le gustaba escribir cartas.	☐	☐	☐
f. Antes tenía que llamar a las agencias de viajes.	☐	☐	☐

11.11 Comenta con tus compañeros cómo usaban las tecnologías cuando estaban en la escuela secundaria y cómo las usan ahora.

Modelo: Antes usaba Facebook para comunicarme con mis amigos, ahora uso…

11.12 Pregunta a tu compañero/a por su niñez. Usa las imágenes para formular dos preguntas para cada tema. Después, usa las preguntas para entrevistar a tu compañero/a. ¿Tienen mucho en común? Presenten los resultados a la clase.

habitación

¿ .... ?

amigos

¿ .... ?

juegos electrónicos

¿ .... ?

ropa

¿ .... ?

VIDEOCLASES
21 y 22

DESTREZAS

11.1 ¿Qué te sugiere el título del texto? Imagina que puedes viajar en el tiempo, ¿dónde te gustaría ir?

11.2 Lee el siguiente texto. ¿De qué acontecimiento histórico se habla?

⚙ ESTRATEGIA

Identifying historical dates and events

In order to understand a reading, it is sometimes necessary to recognize the historical context in which the story takes place. Focus on the dates and names of the people and places that are mentioned to help you put the events in context. If necessary, use the Internet to research.

Viaje en el tiempo

Estela se despertó más temprano de lo normal. Cuando abrió los ojos se asustó, porque no reconocía la habitación. Estaba en casa de sus abuelos cerca del Paseo Bulnes, pero los muebles eran diferentes: los muebles de los abuelos no eran tan antiguos como aquellos. Había mucho ruido, podía oír sirenas, bombas en la dirección del Palacio de La Moneda donde vivía el presidente, Salvador Allende. Miró por la ventana y vio aviones militares y una multitud de fuerzas armadas. Llevaban uniformes de otra época y quemaban libros en la calle.

Había fuego y humo. En las paredes había carteles con la foto de un señor con lentes oscuras. Estela se preocupó más, porque empezó a escuchar gente que hablaba dentro de la casa, susurraban asustados y una mujer lloraba. De repente, oyó el ruido de la puerta y la mujer dijo: "Carlos no vive aquí". Unos hombres que vestían de azul abrieron la puerta y Estela cerró los ojos. Un segundo después los volvió a abrir. El lugar era otra vez la habitación que ella conocía y su abuela estaba allí con ella. Le secaba el sudor de la frente y decía:

"Tranquila, cariño, era una pesadilla". Estela estaba confundida y preguntó: "Abuela, ¿quién es Carlos?". La abuela la miró sorprendida: "Creo que tu abuelo te contó demasiadas cosas y eres muy pequeña para entender la triste historia de este país.

Ahora, vístete rápido, hoy es once de septiembre, es el cumple del abuelo, ¿recuerdas?".

11.3 Elige la opción correcta.

1. Lo que Estela vio y escuchó en su sueño...
   a. era un golpe de Estado *(coup)*.
   b. era una noticia en la televisión.
   c. era un viaje en el tiempo.

2. Las personas que Estela escuchaba en casa...
   a. estaban felices y contentas.
   b. estaban asustadas.
   c. la llamaban por su nombre.

3. ¿Qué quiso decir la abuela cuando dijo: "Era una pesadilla"?
   a. Que era un sueño muy feo y desagradable.
   b. Que Estela estaba enferma.
   c. Que Estela tuvo una experiencia triste.

4. ¿A qué época se traslada Estela en su pesadilla?
   a. A una época de un Chile feliz.
   b. A una época trágica para Chile.
   c. A una época de libertades en Chile.

11.4 Mira estas fotos y decide cuál corresponde al sueño de Estela y por qué.

Yo creo que la foto que corresponde al sueño de Estela es la .... porque ....
....
....

2. EXPRESIÓN ESCRITA

11.5 Fíjate en la fecha del final del texto e investiga en Internet qué pasó en Chile ese mismo día en 1973. Después, escribe una crónica de lo que pasó siguiendo los datos que has encontrado.

⚙ ESTRATEGIA

Using the Internet to research a topic

Often times a web page will offer too much information on a particular historical event. A good way to start is by researching the date of the event moving to other sites until you find the information that is the clearest to follow. It is always a good idea to check with more than one source to compare.

3. INTERACCIÓN ORAL

11.6 Recuerda un momento de tu vida que te impactó y que crees que vas a recordar siempre. Cuéntaselo a un compañero/a.

⚙ ESTRATEGIA

Visualizing your topic

When trying to recall details about a specific event in the past, it helps to think about the event and visualize what happened. Start by recalling the setting and other visual elements that will help you recall the details leading up to the action. Try to visualize the following:

— Qué tiempo hacía.
— Con quién estabas.

— Por qué estabas ahí.
— Sobre qué hora ocurrió.

Mujeres bolivianas celebran el Inti Raymi, una fiesta tradicional inca.

EL DOCE DE OCTUBRE

El doce de octubre, varios países celebran el Día de la Resistencia Indígena.

Con la llegada de los españoles al continente americano en el siglo XV, empezó un proceso de intercambio entre culturas muy diferentes. Hoy, el aniversario del descubrimiento de América es una fecha de reflexión sobre el impacto de ese intercambio... ¡Una fecha muy polémica*!

UN POCO DE HISTORIA

Con la llegada de Cristóbal Colón al continente americano en el siglo XV, los españoles quisieron crear una sociedad similar a la europea de aquella época en el Nuevo Mundo. Una parte importante de la colonización española fueron las misiones, que eran poblaciones de indígenas a cargo de monjes* jesuitas, dominicos y franciscanos. Su objetivo era convertir a los habitantes de América a la religión católica. Tanto los conquistadores como los misioneros trataron duramente* a los indígenas, sometiéndolos* físicamente y destruyendo su cultura.

La combinación de las guerras de la conquista, el trabajo forzado y la llegada de enfermedades hasta entonces inexistentes en América ocasionó la muerte de millones de indígenas. Los historiadores aún discuten el número de muertos. Según Bartolomé de las Casas, un fraile dominico que trabajó en Latinoamérica y defendió a los indígenas del maltrato*, más de veintitrés millones de indígenas murieron entre 1492 y 1542.

¿Fue la conquista de Norteamérica tan violenta como la de América Latina? Investiga y compara.

EL DOCE DE OCTUBRE

Han pasado más de cinco siglos desde la llegada de Colón al continente y cada aniversario es, para españoles y latinoamericanos, una ocasión para reflexionar sobre el significado de esta fecha.

El doce de octubre, España celebra su Fiesta Nacional, también conocida como Día de la Hispanidad, porque recuerda, según la ley 18/1987, el momento en que el país «inicia un periodo de proyección lingüística y cultural más allá de los límites europeos». Se celebra con un desfile militar al que asisten la familia real* y representantes del Gobierno y de las comunidades autónomas.

En Latinoamérica, el doce de octubre también es, tradicionalmente, un día de fiesta. Pero, aunque en algunos lugares se celebra el encuentro entre dos civilizaciones, otros sitios han convertido esta fecha en una oportunidad para reivindicar las culturas indígenas.

¿Qué nombre recibe el doce de octubre en EE. UU.? ¿De qué manera se conmemora la herencia hispana en este país?

El presidente boliviano Evo Morales (en el centro)

LA IDENTIDAD LATINOAMERICANA

«América Latina es una tierra de encuentros de muchas diversidades: de cultura, religiones, tradiciones y también de miedo* e impotencia. Somos diversos en la esperanza y en la desesperación», dice Eduardo Galeano, periodista y escritor uruguayo.

Actualmente, los latinoamericanos intentan construir una nueva identidad para la región, subrayando* las cosas en común. Una de ellas es el respeto por las comunidades indígenas.

Evo Morales, presidente de Bolivia y primer indígena en ocupar ese cargo, inauguró en 2014 la Conferencia de los Pueblos Indígenas y dijo que, después de años de discriminación, son estos pueblos quienes deben protagonizar un cambio en la región.

¿Qué lugar ocupan los pueblos indígenas actualmente en EE. UU.? ¿Son respetados o discriminados?

REALIZA UNA INVESTIGACIÓN RÁPIDA PARA ENCONTRAR LOS DATOS SIGUIENTES:

a ¿En qué estados de EE. UU. hubo misiones jesuíticas? Nombra uno.

b El Mes de la Herencia Hispana se celebra en EE. UU. desde el quince de septiembre hasta el quince de octubre. ¿Por qué se eligió el quince de septiembre para iniciar la celebración?

c ¿A qué comunidad indígena pertenece Evo Morales?

Fuentes: *El País*, Infobae, *La Vanguardia*, página web del Gobierno de EE. UU.

UN DÍA CON NUEVOS NOMBRES

«Antes, este día se llamaba Día de la Raza y celebraba el colonialismo», dice Valentina, una muchacha venezolana. «Pero, desde 2002, el doce de octubre recuerda a los nativos que resistieron a los conquistadores. Por eso, en mi país, y también en Nicaragua, se llama Día de la Resistencia Indígena». Más aún, hay quienes piensan que el doce de octubre es el aniversario de un genocidio, y que, por lo tanto, no hay nada que celebrar. «Al cabo de cinco siglos de negocio de toda la cristiandad, ha sido aniquilada una tercera parte de las selvas americanas», dice Eduardo Galeano. «Los indios, víctimas del más gigantesco despojo* de la historia universal, siguen sufriendo la usurpación de los últimos restos de sus tierras, y siguen condenados a la negación de su identidad diferente. Se les sigue prohibiendo vivir a su modo y manera, se les sigue negando el derecho de ser».

En Argentina, el doce de octubre se llama, desde 2010, Día del Respeto a la Diversidad Cultural. Es un homenaje a la variedad de etnias y culturas de la región.

Como has visto, los pueblos indígenas sufrieron muchas injusticias durante la colonización española de Latinoamérica. ¿Existen los mismos sentimientos entre los indígenas de Norteamérica con respecto a las adquisiciones territoriales de EE. UU.? ¿Qué injusticias han sufrido los indios nativos americanos a lo largo de la historia?

Eduardo Galeano, escritor uruguayo

GLOSARIO

el despojo – plunder
duramente – harshly
la familia real – royal family
el maltrato – mistreatment
el miedo – fear
el monje – monk, priest
polémico – controversial
sometiéndolos – submitting them
subrayando – highlighting

VOCES LATINAS

Puerto Rico, una isla única

EN RESUMEN

¿QUÉ HAS APRENDIDO?

Situación

Una reunión familiar

You have invited a friend from college over for a barbecue with family and friends. This is the first time he/she will be meeting them.

LEARNING OUTCOMES	ACTION
Describe personalities and characteristics	**11.1** Habla con tu compañero/a sobre las personas que van a estar en la reunión y explícale cómo son. Menciona por lo menos a tres miembros de tu familia y describe sus personalidades y características. Después, cambien de rol.
Ask someone for their opinion and give your own opinion	**11.2** Tu amigo/a te cuenta que durante los veranos no trabaja porque prefiere disfrutar del verano. Tu primo dice que trabaja durante el verano para poder pagar sus estudios. Te preguntan por tu opinión. Diles lo que piensas y por qué. Tus compañeros tienen que opinar sobre tus respuestas también para continuar la conversación.
Talk about the past and the way things used to be	**11.3** Tu abuelo y su hermana (tu tía abuela) están escuchando la conversación anterior y empiezan a hablar sobre qué hacían durante los veranos de su juventud y cómo era la vida entonces. Hagan el papel del abuelo y la tía abuela.
Express agreement and disagreement	**11.4** Después de comer, se reúnen tu abuelo, tu amigo/a y tú y empiezan a hablar de varios temas en la sobremesa *(after-dinner conversation)*. En grupos de tres, tomen cada uno un papel y expresen su opinión sobre los siguientes temas. Cada uno tiene que reaccionar y expresar su acuerdo o desacuerdo.  – el mejor presidente – la mejor cocina étnica – la mejor película del año – el mejor deportista

LISTA DE VOCABULARIO

Las características Characteristics

aburrido/a boring
divertido/a fun
emocionante exciting
entretenido/a entertaining, enjoyable
estresante stressful
impresionante impressive
indiferente indifferent
inútil useless
monótono/a monotonous, routine
ordinario/a usual, ordinary
peligroso/a dangerous
práctico/a practical
relajante relaxing
saludable healthy
seguro/a secure, safe

Las personalidades Personality traits

bromista jokester
callado/a quiet
cariñoso/a affectionate
estresado/a stressed
frío/a cold, distant
impresionante impressive
impuntual perpetually late
interesante interesting
perezoso/a lazy

práctico/a practical
puntual punctual
ruidoso/a loud, noisy
silencioso/a quiet
soso/a dull, bland
tranquilo/a calm

Expresiones temporales
Time expressions

antes before
cuando when
de joven when… was young
de pequeño/a when… was a child
entonces then

Pedir y dar opiniones
Asking and giving opinions

Me parece (que)… I think / I believe…
No sé qué decir. I'm not sure what to say.
No te puedo decir. I can't say.
¿por qué? why?
porque because
¿Qué opinas / piensas sobre…? What do you think about…?
¿Qué te parece…? What do you think about…?
¡Yo qué sé! What do I know!

Expresar acuerdo y desacuerdo
Expressing agreement and disagreement

¡Anda ya! No way!
¿Cuál es tu opinión sobre…? What is your opinion about…?
Estoy (en parte / totalmente) de acuerdo con… I agree (in part / totally) with…
ni nor, not even
No estoy (totalmente) de acuerdo con… I don't agree (completely) with…
Nunca jamás. never ever.
¡Para nada! Not at all!
¡Por supuesto! Of course!
¡Qué dices! What are you talking about?
¡Qué va! ¡Que no! No way!
Tienes razón. You are right.
¡Totalmente! Totally!

12 ¡HA ESTADO GENIAL!

Hablamos de…	Vocabulario y comunicación	¡En vivo!	Gramática	Destrezas	Sabor latino	En resumen
• Las actividades recientes	• **Otras actividades de ocio:** Talking about recent activities and making comparisons • **En el hotel:** Talking about activities in the past and what they were like **Pronunciación** • Las letras **g** y **j**	• **Episodio 12 Un hotel con *jacuzzi*:** Contextualizing what you see	• Present perfect • Indefinite pronouns and adjectives • Direct and indirect object pronouns	• **El Camino de Santiago** – **Comprensión de lectura:** Sorting vocabulary by function – **Expresión escrita:** Putting yourself in the place of the reader – **Interacción oral:** Compiling pieces of information	• **Argentina: un país literario**	• **Situación:** ¿Eres experto a la hora de elegir vacaciones? • Vocabulario

Estos muchachos se ríen mucho.

- ¿Qué crees que están haciendo estos muchachos? ¿Crees que lo están pasando bien?
- Y a ti, ¿te gusta bailar? ¿Lo has hecho alguna vez?
- ¿Qué haces en tu tiempo libre?
- ¿Prefieres hacer cosas solo/a o en grupo?

LEARNING OUTCOMES

By the end of this unit, you will be able to:

- Talk about recent activities
- Describe personal experiences
- Make comparisons
- Talk about staying at a hotel

12.1 Observa la imagen y elige la opción correcta.

1. ¿Qué hicieron los amigos antes de ir de *camping*?
   a. Fueron al aeropuerto.
   b. Reservaron habitaciones en un hotel.
   c. Prepararon las mochilas con agua, comida y mapas.

2. ¿Qué han hecho los amigos durante el día?
   a. Han caminado muchos kilómetros.
   b. Han esquiado en la montaña.
   c. Han visto la televisión.

3. ¿Qué están haciendo ahora?
   a. Están durmiendo.
   b. Están descansando.
   c. Están caminando.

4. ¿Dónde van a dormir?
   a. En sacos de dormir.
   b. En un hotel.
   c. En casa.

12.2 Relaciona y forma frases sobre estos muchachos.

1. Han caminado muchos
2. Se lo han pasado
3. No se han perdido
4. Se han protegido del sol
5. Han llevado en la espalda

a. muy bien.
b. una mochila.
c. kilómetros.
d. en la montaña.
e. con una gorra.

12.3

(87)

Escucha y lee la conversación. Después, marca qué hizo cada uno durante el fin de semana. Trabaja con tu compañero/a.

Paco: ¡Hola, Marta! ¿Qué tal el fin de semana?

Marta: Bueno, un poco aburrido. He estado preparando exámenes y casi no he salido. Y tú, ¿has hecho algo interesante?

P.: ¡Yo me lo he pasado cheverísimo! Hemos estado de *camping* en Sierra Nevada de Santa Marta.

M.: ¡Qué suerte! ¿Con quién has ido?

P.: Con Emilio, un compañero de la universidad, y su hermano mayor, que es un experto montañero. Él nos ha enseñado a montar una tienda de campaña y a usar el mapa y la brújula para no desorientarnos en el campo. Yo nunca había hecho *camping*.

M.: ¡Qué divertido! ¿Y dónde han dormido?

P.: Pues en las tiendas, en nuestros sacos de dormir. Lo mejor de la excursión es que hemos visto una lluvia de estrellas por la noche. ¡Ha sido impresionante!

M.: ¿Y no les ha dado miedo encontrar animales salvajes?

P.: ¡Claro que no! Además, con Daniel estamos seguros, él sabe qué hacer en todo momento.

M.: Claro, es verdad. La gente siempre dice que a la montaña hay que ir con alguien experimentado.

P.: Sí, tienes razón. La montaña es fantástica, pero también peligrosa.

M.: ¡Qué envidia! ¡Para la próxima me apunto! Y… ya que yo no me lo he pasado tan bien, ¡espero al menos aprobar mis exámenes!

a. Marta   b. Paco   c. Daniel, Emilio y Paco

1. ☐ Lo ha pasado muy bien.
2. ☐ Ha tenido un finde aburrido.
3. ☐ Han pasado el fin de semana de excursión.
4. ☐ Han visto una lluvia de estrellas.

5. ☐ No han pasado miedo.
6. ☐ Ha aprendido a montar una tienda de campaña.
7. ☐ Ha pasado el fin de semana estudiando.

12.4

Con tu compañero/a, miren las cosas que tenía Paco en su mochila. Escriban qué ha llevado a la acampada y para qué ha usado cada cosa durante el fin de semana.

Modelo: Paco ha llevado una brújula *(compass)*. La ha usado para no perderse.

APUNTES: Acampar en Colombia

✓ En Colombia la tienda de campaña se llama "carpa".

✓ En algunos parques nacionales es necesario contratar un guía local.

✓ En Colombia hacer *camping* se ha incrementado en más de un 60% en los últimos diez años.

✓ Hay 17 parques nacionales donde está permitido acampar.

✓ Más de 30.000 personas han practicado esta actividad en el último año.

Fuente: http://www.eltiempo.com/archivo/documento/CMS-5965607

VOCABULARIO Y COMUNICACIÓN

1.A VOCABULARIO: OTRAS ACTIVIDADES DE OCIO

Actividades de ocio y tiempo libre: Unidad 5

12.1 Ya conoces algunas actividades de ocio. Aquí tienes más. Observa las siguientes imágenes y completa los espacios en blanco con los verbos de la lista. Después, escucha el audio y comprueba las respuestas.

hacer • jugar • esquiar • patinar • montar • salir • ir

.... de *camping*

.... senderismo

.... en bicicleta

.... con amigos

.... surf

.... a caballo

hacer *puenting* = tirarse del *bungee*

....

.... *puenting*

.... al tenis

....

.... a un parque acuático

.... al ajedrez

12.2 Tienes dos minutos para ampliar la lista con todos los deportes y actividades de ocio que ya conoces. Después, haz una puesta en común *(idea-sharing)* con tu compañero/a.

12.3 Lee el texto y subraya las palabras relacionadas con actividades de ocio.

México Resorts

México Resorts es su portal virtual al mundo de los mejores servicios de viajes, alojamiento en hoteles y paquetes de vacaciones en la playa. En México Resorts hemos buscado y seleccionado con mucho cuidado los hoteles con las mejores tarifas en los destinos más populares de México, para ofrecer a nuestros clientes unas vacaciones a medida en las paradisíacas playas del Caribe.

Para los amantes del mar, ponemos a su disposición una variada oferta de actividades acuáticas: pesca submarina, surf, buceo… Para los amantes de la naturaleza, ofrecemos rutas para hacer senderismo o montar a caballo. Para los más arriesgados, proponemos volar en parapente, montar en globo, hacer *puenting* o escalar. Para los que quieren conocer otra cultura, ofrecemos excursiones a los lugares de interés turístico más relevantes… Y todo ello a un precio sin competencia.

Ya no hay excusa para perderse unas vacaciones en las aguas turquesas del Caribe. Le esperamos.

¡Asegure su reserva en línea hoy mismo!

12.4 Ahora, crea tú un texto informativo similar al anterior explicando las actividades que se pueden practicar en invierno.

Aventura en invierno

Para los amantes de la nieve, Chile Resorts ofrece unas vacaciones en Portillo, en el corazón de los Andes…

Portillo, Chile

12.5 Anota cinco actividades de ocio que no has hecho nunca *(never)*. Después, busca por la clase compañeros que sí las han realizado y pregunta cuándo la han hecho por última vez.

Mis actividades	Nombre de mi compañero/a	¿Cuándo?
1.		
2.		
3.		
4.		
5.		

1.B COMUNICACIÓN: TALKING ABOUT RECENT ACTIVITIES AND MAKING COMPARISONS

Talking about recent activities

You will learn more about this structure later in the unit. In the meantime, here are some forms to get you started.

- esquiar ▶ he esquiado
- jugar ▶ he jugado
- salir ▶ he salido
- hacer ▶ he hecho
- montar ▶ he montado
- ir ▶ he ido
- patinar ▶ he patinado

» Para hablar del **pasado reciente** se usa el pretérito perfecto *(present perfect)*.
  - ¿Qué **has hecho** esta mañana?
  - **He montado** en bicicleta.
  - ¿Qué deporte **has hecho** esta semana?
  - **He esquiado** en Bariloche.

» Para decir que **no has hecho** una cosa pero quieres hacerla en el futuro, se usa **todavía no** *(not yet)*.
  - ¿Has montado en globo alguna vez?
  - No, **todavía no** he montado en globo.

» Para decir que **sí has hecho** una cosa, sin especificar cuándo, se usa **ya** *(already)*.
  - ¿Has escalado?
  - Sí, **ya** he escalado. Estuve un fin de semana escalando al norte de mi región.

12.6 Completa la tabla con al menos dos actividades que haces con frecuencia, dos que nunca has hecho y dos que quieres hacer. Después, compartan sus experiencias y preferencias en grupos pequeños. Incluyan otros detalles para hacer sus descripciones más interesantes.

A menudo...	Todavía no...	Tengo ganas de...
montar en bici	hacer *puenting*	nadar en una piscina infinita

Modelo: A menudo monto en bici con mi abuelo. Todavía no he hecho *puenting*. Tengo ganas de nadar en una piscina infinita.

12.7 Completa las preguntas con actividades que has hecho. Entrevista a tres compañeros y escribe sus respuestas. ¿Con quién tienes más en común?

	Compañero/a 1	Compañero/a 2	Compañero/a 3	¿Cuándo?
a. ¿Has ido…?				
b. ¿Has hecho…?				
c. ¿Has montado…?				
d. ¿Has jugado…?				
e. ¿Has…?				

12.8 Escucha a estos tres amigos que hablan sobre qué han hecho esta semana. ¿Quién lo ha hecho? Escribe Pablo (P), Elena (E) o Félix (F).

- **a.** ☐ visitar monumentos
- **b.** ☐ hacer senderismo
- **c.** ☐ nadar
- **d.** ☐ visitar una capital
- **e.** ☐ montar a caballo
- **f.** ☐ ir de excursión
- **g.** ☐ tomar el sol
- **h.** ☐ esquiar
- **i.** ☐ jugar al ajedrez
- **j.** ☐ montar en bici
- **k.** ☐ hacer *puenting*
- **l.** ☐ patinar

12.9 Cuéntale a tu compañero/a qué actividades de ocio has practicado recientemente.

Modelo: Este mes he ido con mis padres a la montaña y he hecho senderismo. Allí también he montado a caballo…

Making comparisons

>> Para expresar superioridad o inferioridad en comparación con tres o más personas o cosas, se usa el **superlativo**.

– Ana es **la más** arriesgada *(daring)* de la clase.
– Juan es **el menos** deportista de la clase.
– Ana y Marta son **las más** arriesgadas de la clase.
– Juan y Paco son **los menos** deportistas de la clase.

>> Para expresar la idea de extremo, se añade **–ísimo/a/os/as** al adjetivo.

– Ana es alt**ísima**.
– Juan es list**ísimo**.
– Ana y Marta son alt**ísimas**.
– Juan y Paco son list**ísimos**.

Hacer comparaciones entre dos personas, cosas o acciones: Unidad 7

To intensify the original meaning of an adjective, drop the vowel before adding **–ísimo/a/os/as**:

- alto ▶ altísimo/a/os/as
- grande ▶ grandísimo/a/os/as

12.10 ¿Cuánto conoces a tus compañeros de clase? Forma preguntas para entrevistar a tus compañeros y descubrir cuál de ustedes es el más o el menos en cada categoría.

a. el/la más dormilón ¿Cuántas horas duermes al día?
b. el/la menos deportista
c. los/las más arriesgados/as
d. el/la menos aventurero/a
e. el/la más estudioso/a
f. los/las menos tranquilos/as

12.11 Piensa en lo que has hecho recientemente y contesta a estos estudiantes.

¿Qué es lo más emocionante que has hecho?

¿Has conocido a alguien muy interesante?

¿Has practicado algo aburridísimo?

¿Qué deporte has practicado que ha sido divertidísimo?

¿Has hecho algo peligrosísimo?

¿Qué es lo más original que has hecho?

12.12 Ordena la conversación entre una recepcionista de hotel y un cliente. Después, escucha el audio y comprueba.

La recepcionista

☐ Tenemos una habitación libre con una cama doble y una individual.

3 ¿Para cuántas personas?

☐ Pueden elegir lo que quieran.

1 Hostal Las Marismas, ¿dígame?

☐ Muy bien. ¿A nombre de quién va a hacer la reservación?

☐ Esta es una oferta que tenemos ahora en noviembre por ser temporada baja, les va a costar lo mismo solo el alojamiento que la media pensión.

☐ De acuerdo, pues ya queda hecha su reservación, les esperamos esta noche.

☐ ¿Cuántas noches van a estar?

☐ ¿Me puede dar un número de contacto, por favor?

☐ Son setenta dólares por noche, media pensión.

El cliente

☐ Dos.

☐ Póngala a nombre de Roberto Sánchez.

2 Hola, buenos días, quería reservar una habitación para esta noche.

☐ Pues, mejor la cena, porque pensamos estar todo el día fuera.

☐ El 611 11 11 11.

20 Muchas gracias, hasta luego.

☐ Somos tres.

☐ ¿La media pensión incluye el desayuno y el almuerzo o el desayuno y la cena?

☐ Perfecto, ¿cuánto cuesta?

☐ Nosotros solo queríamos alojamiento y desayuno.

12.13 Lee las siguientes afirmaciones y contesta verdadero (V) o falso (F), según la conversación anterior.

	V	F
a. El cliente ha pedido tres habitaciones.	☐	☐
b. En noviembre no va mucha gente.	☐	☐
c. En el precio se incluyen dos comidas al día.	☐	☐
d. El cliente solo quiere saber si hay habitación.	☐	☐

12.14 Explícale a tu compañero/a el significado de las siguientes expresiones con ejemplos en español. Tu compañero/a debe averiguar la expresión correcta.

Estudiante 1:
1. temporada baja
2. pensión completa
3. habitación doble

Estudiante 2:
1. temporada alta
2. media pensión
3. habitación individual

12.15 Une cada palabra con la imagen correcta.

1. ☐ maletas **3.** ☐ escaleras **5.** ☐ elevador **7.** ☐ botones
2. ☐ llave **4.** ☐ recepción **6.** ☐ cliente **8.** ☐ recepcionista

12.16 Lee el consejo que recibe Luis antes de su primera estancia en un hotel en San Juan.
Completa el texto con las palabras correctas de la actividad anterior.

Primero debes llamar al hotel y hacer una reservación. Cuando llegas al hotel, debes ir a la (a) .... y registrarte. Allí, el/la (b) .... te va a dar la (c) .... de tu habitación. Para ir a tu habitación, puedes tomar el (d) .... o subir por las (e) .... Si el (f) .... del hotel te ayuda con las (g) .... hay que darle una propina. Y, sobre todo, debes ser amable con los otros (h) .... del hotel y no debes hacer ruido.

12.17 Un cliente llama a un hotel para hacer una reservación. Con tu compañero/a, creen una conversación a partir de las siguientes indicaciones.

1. Responde al teléfono.  2. Saluda y le dice que quiere reservar una habitación.

3. Le pregunta cuántas noches va a estar. 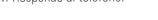 4. Le responde.

5. Pregunta para cuántas personas. 6. Le responde.

7. Le confirma la disponibilidad. 8. Le pregunta el precio.

9. Le da el precio de la media pensión. 10. Prefiere solo alojamiento y desayuno.

11. Insiste en que es una oferta. Sale más económica.  12. Pregunta qué incluye la media pensión.

13. Le responde. 14. Acepta.

15. Pregunta a nombre de quién hace la reservación. 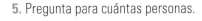 16. Responde.

17. Confirma la reservación y se despide. 18. Se despide.

Para valorar
acontecimientos del
pasado: Unidad 9

In many countries
in Latin America
the preterit is more
commonly used.

» Para **preguntar** sobre actividades del pasado reciente, se usa:
  ¿Cómo te ha ido el viaje?
  ¿Cómo / Qué tal te lo has pasado?
  ¿Qué tal te ha ido (el viaje)?

» Para **responder** valorando estas actividades:

Ha sido...	Me ha ido...	Me lo he pasado...	
genial / fantástico	de miedo	de miedo / padrísimo	ni fu ni fa
estupendo	superbién	genial	regular
divertidísimo	muy bien	estupendamente	más o menos
muy divertido	bien	superbién	
horrible / terrible	mal	muy bien	
aburridísimo	muy mal	muy mal / fatal	
un desastre			

12.18 Coloca las expresiones de valoración en su lugar correspondiente.

estupendo • ni fu ni fa • de miedo • fantástico • mal • bien • superbién
muy mal • horrible • más o menos • muy divertido

¿Cómo te lo has pasado el fin de semana?		
☺	☺	☹

12.19 Completa los espacios en blanco con la expresión adecuada del cuadro y une cada conversación con la imagen correcta. Después, escucha las conversaciones y comprueba las respuestas.

(91)

fatal • ¡ha sido genial! • ni fu ni fa

a. **Natalia:** ¿Qué tal el fin de semana con María?
   Jorge: ¡Bah! ...., el hotel no ha estado mal. Nos hemos bañado en la piscina y hemos comido mucho. Por lo demás, hemos hecho lo de siempre: pasear y mirar tiendas. ¿Y tú?
   Natalia: Yo he ido a ver una peli y ha estado bien.

b. **Sergio:** ¿Cómo te ha ido en el hotel?
   Alberto: ...., ¡nos ha pasado de todo! Entre otras cosas, el recepcionista se ha equivocado con la reservación y nos ha tenido que llevar a otro hotel de la misma cadena pero de categoría inferior.
   Sergio: Sí, es verdad. Marta me ha contado que el viaje ha sido un desastre.

c. **Diana:** ¿Vas a volver el año que viene a ese hotel?
   Sonia: ¡Por supuesto! ....
   Diana: ¿En serio? Pues lo miraré para mi próximo viaje a Miami.

12.20 Representa ahora una conversación similar con tu compañero/a. Uno de ustedes se ha alojado en un hotel este fin de semana y el otro le pregunta qué tal se lo ha pasado. Después, cambien los papeles.

12.21 Haz turnos con tu compañero/a para preguntar sobre algunas de las últimas actividades que él/ella ha hecho y cómo eran. Escoge alguna de las actividades que se proponen y sigue el modelo.

> Modelo: E1: ¿Cómo te ha ido en la universidad hoy?
> E2: Me ha ido bastante bien. / Bastante bien.

- ¿Cómo te ha ido el examen / el viaje / el día con la familia…?
- ¿Qué tal te lo has pasado el fin de semana / en las vacaciones de invierno / en la fiesta?

PRONUNCIACIÓN

LAS LETRAS *G* Y *J*

12.1 Escucha la pronunciación de las siguientes palabras.

El sonido /j/	El sonido /g/
g + e, i ▶ **ge**nte, **gi**rasol	**g** + a, o, u ▶ **ga**lleta, **go**rdo, **gu**apo
j + a, e, i, o, u ▶ **ja**món, **je**fe, **ji**rafa, **jo**ven, **ju**eves	**gu** + e, i ▶ Mi**gue**l, **gui**tarra

12.2 Escucha y escribe las palabras.

a. ....   c. ....   e. ....   g. ....   i. ....   k. ....

b. ....   d. ....   f. ....   h. ....   j. ....   l. ....

12.3 Escucha las siguientes parejas de palabras en las que varía solo un sonido. Escoge la primera que escuchas.

a. ☐ casa / ☐ gasa   d. ☐ goma / ☐ coma   g. ☐ gato / ☐ cato

b. ☐ mago / ☐ majo   e. ☐ lijar / ☐ ligar   h. ☐ cota / ☐ jota

c. ☐ coco / ☐ cojo   f. ☐ rasgar / ☐ rascar   i. ☐ miga / ☐ mica

12.4 Con tu compañero/a, completen los espacios en blanco con *g*, *gu* o *j* para formar las palabras que conozcan.

a. ca......ón   d. ......orro   g. o......o   j. ......errero   m. má......ico   o. á......ila

b. ......ema   e. ......usano   h. ......irasol   k. ......afas   n. ......untos   p. ......ía

c. ima......en   f. ......ersey   i. traba......o   l. abri......o   ñ. ......ato   q. a......ua

Un hotel con *jacuzzi*

ANTES DEL VIDEO

12.1 Hay días en los que todo sale mal. Selecciona la expresión correcta para hablar de ese sentimiento.

1. He perdido el ordenador.
a. Ni fu ni fa.
b. Ha sido genial.
c. Me ha ido muy mal.

2. No me desperté a tiempo, llegué tarde a clase y el profesor se ha enfadado.
a. Me ha ido de miedo.
b. Ha sido un desastre.
c. Me lo he pasado estupendamente.

3. He discutido con mi madre por teléfono.
a. Ha sido horrible.
b. Me ha ido superbién.
c. Ha sido estupendo.

12.2 Ordena las letras de estas palabras relacionadas con los viajes de lujo.

a. Un carro grande para ir al aeropuerto: M A L N I S U I

b. Una habitación grande: U T I S E

c. Una bañera tipo spa: Z A Z C I J U

d. Pedir una habitación: V E R S A R R E

e. Tipo de alojamiento: T H O L E

f. Si no te importa gastar mucho dinero, lo compras de primera clase: O B E L T O

12.3 Imagina que has tenido un día muy malo. Cuéntale a tu compañero/a qué te pasó. Sigan las indicaciones.

Estudiante 1:

1. Primero, poner sal en lugar de azúcar en el café.

2. Después, perder el autobús / no ir a la primera clase.

3. Finalmente, llegar a casa / compañero de cuarto no querer bajar la música.

Estudiante 2:

1. Primero, no oír el despertador.

2. Caerte de la cama.

3. Después, no poder encontrar los tenis / ir en zapatillas *(slippers)*.

4. Por desgracia, perder una zapatilla en el autobús.

12.4 Mira las imágenes y elige las afirmaciones correctas. Basa tus respuestas en lo que crees que puede ocurrir. Usa tu imaginación.

a. ☐ Juanjo ha tenido un mal día.

b. ☐ Juanjo le cuenta a Alfonso el mal día que ha tenido.

c. ☐ Los muchachos se ríen en la tercera foto porque tienen mucho dinero para viajar.

d. ☐ Alfonso está en la cama en la primera foto.

e. ☐ Juanjo simula que llama a un hotel para pedir una suite lujosa.

f. ☐ Alfonso se ríe porque Juanjo no sabe expresarse bien.

g. ☐ Finalmente, se aburren de la broma y empiezan a jugar.

12.5 Mira el episodio completo y confirma tus respuestas anteriores.

DURANTE EL VIDEO

⚙ ESTRATEGIA

Contextualizing what you see
Sit back, relax and watch the episode. Don't worry if you do not understand everything that is said or is happening. After you watch the episode, write in English all the things you remember about what you saw, heard, and think happened. Doing this will help you contextualize the information. As a result, you will see you understood more than you thought.

12.6 Mira de nuevo este segmento que se refiere al día de Juanjo y relaciona las frases.

00:56 – 02:04

1. El despertador… •
2. El profesor… •
3. Perdió… •
4. Finalmente encontró su portátil… •
5. En la clase de laboratorio… •
6. Discutió con… •

• **a.** en la clase.
• **b.** su portátil.
• **c.** no sonó.
• **d.** su madre por teléfono.
• **e.** se enfadó cuando Juanjo llegó tarde.
• **f.** se sintió como el más tonto de la clase.

12.7 Los muchachos juegan simulando que tienen mucho dinero y que van a hacer un viaje. Mira el segmento y señala la opción correcta.

02:45 – 05:38

1. a. ☐ Van a viajar para conocer Colombia.
   b. ☐ Van a viajar para conocer Miami.
   c. ☐ Van a viajar para conocer Argentina.

2. a. ☐ Van a dormir toda la noche.
   b. ☐ Van a pasearse en la limusina toda la noche.
   c. ☐ Van a estar toda la noche de fiesta.

3. a. ☐ La habitación va a tener un *jacuzzi.*
   b. ☐ La habitación va a tener dos *jacuzzis.*
   c. ☐ El hotel tiene *jacuzzi* junto a la piscina.

4. a. ☐ Van a alojarse en una suite con dos camas muy grandes.
   b. ☐ Van a alojarse en dos suites diferentes.
   c. ☐ Reservan dos habitaciones normales.

5. a. ☐ Van a comprar una limusina.
   b. ☐ Una limusina blanca los va a llevar a recorrer los alrededores de Miami.
   c. ☐ Una limusina los va a esperar al aeropuerto.

12.8 Escribe una redacción en la que describes la vida de una persona muy rica. ¿Cómo es un día normal en su vida? ¿Dónde fue en sus últimas vacaciones y qué hizo?

DESPUÉS DEL VIDEO

GRAMÁTICA

1. PRESENT PERFECT

» We use the present perfect to talk about actions that have taken place in the past but are connected with the present.

» The present perfect is formed with the present tense of **haber** and the past participle of the main verb.

» To form the past participle of a verb, drop the ending of the infinitive and add –**ado** for –**ar** verbs and –**ido** for –**er** and –**ir** verbs.

viaj**ar** ▶ viaj**ado**
Mi hermano **ha viajado** *mucho.*

com**er** ▶ com**ido**
Los niños ya **han comido**.

dorm**ir** ▶ dorm**ido**
Yo nunca **he dormido** *en un saco de dormir.*

» The present perfect is often used with the following time expressions that refer to the recent past:

– hoy *(today)*
Hoy *me he levantado muy tarde.*

– últimamente *(lately)*
Últimamente *ha llovido bastante.*

– este mes / fin de semana / año… *(this month / weekend / year…)*
Este año *hemos viajado mucho.*

– esta mañana / tarde / semana… *(this morning / afternoon / week…)*
Esta semana *he trabajado en casa.*

– ya *(already)*
Ya *he comido tapas.*

– todavía no *(not yet)*
Todavía no *he ido a San Juan.*

12.1 Sara nos cuenta qué ha hecho hoy. Completa las oraciones con las formas del presente perfecto.

(Modelo:) Hoy he tenido un día muy ocupado…

a. Yo (levantarse) .... a las ocho.

b. (Ir) .... a clase a las nueve.

c. (Correr) .... por el parque.

d. (Acostarse) .... a las diez y media.

e. (Comer) .... pollo con papas.

f. (Desayunar) .... café y tostada.

g. (Hablar) .... por Skype.

h. (Regresar) .... de la escuela en bici.

12.2 Con un/a compañero/a, coloquen las actividades de Sara en el cuadro para indicar cuándo hizo las actividades que menciona.

Esta mañana…	Esta tarde…	Esta noche…
Se ha levantado a las ocho.		

12.3 Haz turnos con un/a compañero/a para decir qué ha hecho (o todavía no ha hecho) cada uno. Continúen por turnos para ver quién se queda sin actividades primero. ¡Atención! Usen *ya* y *todavía no* en las respuestas.

12.4 Completa el siguiente correo de Anselmo a su amiga Louise, en el que le cuenta qué pasó con la cancelación de su vuelo. Usa el presente perfecto y los verbos entre paréntesis.

Asunto: Cancelación de vuelo

De: anselmomora@email.com   Para: louisegt@email.com

Hola, Louise:

Te he escrito este correo porque ya te (a) .... (yo, llamar) por teléfono tres veces y el teléfono aparece siempre desconectado. Esta mañana (b) .... (yo, ir) a clase, he abierto mi correo y me (c) .... (ellos, comunicar) que, a causa del viento, el aeropuerto de Madrid (d) .... (cancelar) todos los vuelos a Bogotá del jueves. Menos mal, porque después he visto a un compañero de clase y me ha dicho que tenemos una reunión muy importante este viernes por la mañana. Esta tarde mi hermana me (e) .... (llevar) a una agencia a comprar otro billete. Allí (f) .... (nosotros, preguntar) cuándo hay vuelos y nos (g) .... (ellos, confirmar) que el lunes. Te llamo mañana para decirte el horario del nuevo vuelo.

Un beso,
Anselmo

12.5 Algunos verbos tienen participios pasados irregulares. Revisa el correo con un/a compañero/a y busquen los participios pasados irregulares para completar la tabla.

Infinitive	Past Participle	Infinitive	Past Participle	Infinitive	Past Participle
abrir ▶		escribir ▶		romper ▶	**roto**
decir ▶		hacer ▶	**hecho**	ver ▶	
descubrir ▶	**descubierto**	morir ▶	**muerto**	volver ▶	**vuelto**
		poner ▶	**puesto**		

12.6 Escribe una oración para describir algo que has hecho o no.

a. Hace un rato ....
b. Este año ....
c. Este fin de semana ....

d. Todavía no ....
e. Nunca ....
f. Ya ....

12.7 Usa las expresiones de la actividad anterior para preguntar a tu compañero/a si ha hecho alguna vez esas cosas. ¿Son sus respuestas similares o diferentes?

» Para preguntar si una persona ha hecho algo, usa:
- ¿**Alguna vez** has estado en México? *Have you ever been to Mexico?*
- No, **nunca** he estado allí. *No, I have never been there.*
- Sí, he estado una vez / dos veces / muchas veces… *Yes, I have been there once / two times / many times…*

2. INDEFINITE PRONOUNS AND ADJECTIVES

» Use indefinite pronouns and adjectives to refer to an unspecified person or thing.
- ¿Hay por aquí **alguna** cafetería?
- No, no hay **ninguna**.

Indefinite Pronouns		
People	**Things**	**People / Things**
alguien ≠ nadie	**algo ≠ nada**	**alguno/a/os/as** *some, any* ≠ **ninguno/a** *none, not any.*
- ¿**Alguien** sabe dónde está mi teléfono? *Does anybody know where my phone is?*	- ¿Quieres **algo** de comer? *Do you want something to eat?*	- ¿**Alguno** de ustedes habla griego? *Do any of you speak Greek?*
- No, **nadie**. *No, no one (nobody).*	- No, no quiero **nada**, gracias. *No, I don't want anything, thank you.*	- No, **ninguno**. *No, no one (not any one of us).*

» Some indefinite pronouns have masculine and feminine forms as well as singular and plural forms, and as such must agree with the nouns they replace.

Ninguno de los vasos está roto.   *None of the glasses is broken.*
● *¿Hay algún estudiante de Francia?*   *Is there any student from France?*
● *No, **ninguno**.   None.*
Algunos de mis amigos hablan francés.   *Some of my friends speak French.*

Indefinite Adjectives

algún/alguna/algunos/algunas *some, any* ≠ **ningún/ninguna** *no, none, not any*

» Like most other adjectives, indefinite adjectives agree in number and gender with the nouns they modify.
No hay **ningún** estudiante de Francia.   *There is no student from France.*
Tengo **algunos** libros que te van a gustar.   *I have some books that you will like.*

» The plural forms **ningunos / ningunas** are rarely used as adjectives, only **ningún** and **ninguna**.

» If negative words such as **nada** and **nadie** follow the verb in a sentence, **no** or another negative word must precede the verb.

● *¿Compraste algo en la tienda?*   ● *¿Hay alguien allí?*
● *No, **no** compré **nada**.*   ● *No, **no** hay **nadie**.*

12.8   Relaciona cada indefinido con su opuesto. Después, completa las frases con el indefinido correspondiente. ¡Atención! Recuerda que estas palabras deben concordar con el nombre al que acompañan o sustituyen.

1. alguna   **a.** ningún
2. algún   **b.** nada
3. alguien   **c.** ninguno
4. alguno   **d.** ninguna
5. algo   **e.** nadie

a. Algunos fueron a protestar y .... volvió contento.

b. Alguien llamó por teléfono pero .... contestó.

c. Ninguno de los voluntarios pidió dinero, pero .... pidieron menos horas.

d. Algunos de los mensajes de texto llegaron, pero .... mensaje era para mí.

e. No conocemos a ninguna de tus amigas. Debes invitar a .... a casa.

12.9   Arturo tuvo una mala experiencia el otro día. Completa su descripción usando *nada, nadie* o *ninguno/a*.

El fin de semana pasado fui a la fiesta de David. La fiesta fue un desastre porque no conocía a (a) .... y (b) .... me hablaba. Tenía hambre pero no había (c) .... de comer. Vi a una muchacha con un plato de tacos, pero no me ofreció (d) .... Decidí salir de allí, pero no encontraba (e) .... puerta de salida. Cuando preguntaba dónde estaba la puerta, no me contestaba (f) .... No quería ayudarme (g) .... de los invitados. Estaba desesperado cuando, de repente, oigo a David que me dice: "Vamos, que es hora del almuerzo". Entonces me despierto y veo que estoy en clase y no en (h) .... fiesta.

3. DIRECT AND INDIRECT OBJECT PRONOUNS

» Remember that we use **direct object pronouns** to refer to someone or something already mentioned. In Spanish, direct object pronouns agree in number and gender with the noun they replace.
*Carmen no encuentra **su celular**. Cree que **lo** ha dejado en clase.*

» Indirect objects tell us **to whom** or **for whom** the action of the verb is performed. **Indirect object pronouns** are used to replace an indirect object.

» Since the indirect object pronouns **le** and **les** can have more than one meaning, a prepositional phrase is added to clarify.
  ● ***Le*** *he dicho **a Javier** la verdad.*
  ● *Siempre **les** digo la verdad **a mis amigos**.*

» Direct and indirect object pronouns can be used together in the same sentence. When that happens, the order of the pronouns is always the same: **indirect object** + **direct object** + **conjugated verb**.
  ● *¿Dónde has dejado mi libro?*
  ● ***Te*** **lo** *he dejado encima de la mesa.*
       A ti   el libro

» In cases where **le** or **les** precedes **lo, la, los, las**, the indirect object pronoun changes to **se**.
(El libro, a él) ~~*Le lo*~~ *he dejado encima de la mesa.* ▶ ***Se lo*** *he dejado encima de la mesa.*

12.10 Ana está enfadada con su hermana. Para saber por qué, completa la historia usando el pronombre correcto que se indica entre paréntesis.

Hoy me he enfadado con mi hermana. Me ha pedido un vestido y yo (a) .... (a ella) he dicho que (b) .... (a ella, el vestido) dejaba, pero si no (c) .... (el vestido) ensuciaba *(to get dirty)*. Ella (d) .... (a mí) ha dicho que vale, pero a los diez minutos (e) .... (a mi hermana) he visto en el sofá comiendo una tarta de chocolate y justo en ese momento… ¡(f) .... (el vestido) ha ensuciado de chocolate!

12.11 Responde las siguientes preguntas sobre Ana y su hermana con un compañero/a, usando el pronombre de objeto adecuado.

  a. ¿Quién pidió el vestido?
  b. ¿A quién le pidió el vestido?
  c. ¿Quién le dejó el vestido a la hermana?
  d. ¿Dónde comía la tarta?
  e. ¿Quién ensució el vestido?
  f. ¿Con qué ensució el vestido?

Both direct and indirect objects are placed before the conjugated verb.
- Julia **me** vio esta mañana en la escuela. Yo **le** regalé flores a Julia y ella **me** invitó a cenar.

12.12 Piensa en una situación similar en la que has dejado algo a un/a amigo/a o a un miembro de tu familia. Usa las pistas para empezar.

  Modelo: E1: Una vez le dejé… a mi…
          E2: ¿Qué pasó? / ¿Por qué se lo/la dejaste? / ¿Qué le dijiste?

  - dinero
  - teléfono celular
  - las llaves del carro
  - ¿…?

**VIDEOCLASES
23 y 24**

1. COMPRENSIÓN DE LECTURA

12.1 Relaciona cada palabra con su definición.

⚙️ ESTRATEGIA

Sorting vocabulary by function
When you come across unfamiliar words in a reading, stop to consider whether the word refers to a person, a place, a thing, or an action. Build out from this starting point to access the meaning and function of the word in context.

1. puesta de sol
2. ermitaño
3. decapitar
4. albergue
5. monstruo
6. la voluntad
7. Vía Láctea
8. tumba

a. Conjunto de estrellas.

b. Personaje ficticio que da miedo.

c. Lugar donde puedes dormir y que suele ser muy barato o gratis.

d. Cantidad de dinero que voluntariamente das a alguien o que pagas por un servicio.

e. Cortar la cabeza a alguien.

f. Persona que vive sola y aislada, sin relacionarse con el mundo.

g. Lugar donde se mete el cuerpo de un muerto.

h. Cuando se termina el día y el sol se esconde.

12.2 Lee el texto.

El Camino de Santiago

1 de julio

Querido diario:

Como ya sabes, hoy he empezado el Camino de Santiago. Voy a estar un mes haciendo la ruta que va desde Roncesvalles hasta Santiago de Compostela.

Esta ruta coincide con la **Vía Láctea** y, desde hace mucho, las personas la siguen porque es un camino mágico, lleno de leyendas y misterios. Los hombres venían de toda Europa y se dirigían hacia Finisterre. En aquella época se pensaba que ahí terminaba el mundo al ser el punto situado más al oeste de Europa, donde moría el sol. Creían que en esas aguas había **monstruos**. Hoy en día esa zona se conoce con el nombre de *Costa da Morte*, que en español significa "Costa de la Muerte".

Hoy ha empezado mi aventura. He caminado veinticinco kilómetros, estoy cansadísimo y ¡todavía me falta mucho! Ahora estoy en **el albergue**, que está muy bien. A lo largo de toda la ruta hay un montón de albergues donde puedes dormir y comer algo sin pagar nada o solo **la voluntad**.

Durante la comida, una señora mayor nos ha contado la leyenda de Santiago. Santiago era uno de los doce apóstoles de Jesucristo que vino a Hispania para cristianizarla.

En aquella época estaba prohibido predicar *(preach)* la religión cristiana, así que cuando volvió a su casa, a Palestina, fue **decapitado** por el rey Herodes. Dos apóstoles robaron el cuerpo y lo llevaron de nuevo a Galicia, a un pueblo que hoy se llama Padrón. Ahí vivía una reina muy mala que se llamaba Lupa. Cuando los apóstoles bajaron del barco, la reina, para reírse de ellos, les dio dos toros salvajes para que tiraran *(pull)* del carro donde transportaban a Santiago.

Dice la leyenda que, inexplicablemente, los toros lo llevaron tranquilamente hasta un bosque donde los apóstoles lo enterraron. Siglos más tarde, **un ermitaño** vio una fuerte luz sobre aquel bosque y encontró **la tumba**.

A ese lugar le llamaron *Compostela*, que significa "campo de las estrellas". A partir de entonces, la gente empezó a hacer el Camino para ver la tumba del apóstol, que hoy se encuentra en la Catedral de Santiago, y muchos continúan la ruta hasta Finisterre para ver **la puesta de sol**.

La verdad es que ha sido una historia interesantísima. Creo que en este viaje voy a aprender mucho. Ahora ya me voy a dormir que mañana va a ser un día duro...

12.3 Contesta las siguientes preguntas.

a. ¿En qué ciudad ha empezado la ruta?

b. ¿Cuándo empezó su viaje?

c. ¿Qué estación del año es?

d. ¿Por qué la gente empezó a hacer esta ruta?

e. ¿Dónde está escribiendo?

f. ¿Quién le ha contado la historia de Santiago?

g. ¿Cuánto le ha costado el alojamiento?

h. ¿Cómo murió Santiago?

2. EXPRESIÓN ESCRITA

12.4 Con un/a compañero/a, escriban la primera página del diario, correspondiente al día antes del viaje. Expliquen qué cosas has necesitado para hacer el camino.

⚙️ **ESTRATEGIA**

Putting yourself in the place of the reader
To create a realistic depiction, put yourself in the place of the reader and ask what you would expect to read about. Make a list of the things you would most likely take with you on such a trek and explain why. Justifying your choices will make your entry more authentic and will help you sort through the unnecessary details.

Modelo: He comprado una cantimplora porque es un viaje largo y...

3. INTERACCIÓN ORAL

12.5 Habla con tus compañeros sobre cuál ha sido el viaje más largo que han hecho hasta ahora. Completen el cuadro con la información.

⚙️ **ESTRATEGIA**

Compiling pieces of information
Gather the relevant information you will need to give a personal account and talk about it with ease. Use the information to organize the retelling of your story as it occurred. Provide the information for the topics suggested below.

Origen	Destino	Tiempo en llegar	Paradas	Modo de transporte	Días de viaje en total

El Ateneo es una de las librerías más tradicionales de Buenos Aires.

Bolivia
• La Paz

Paraguay
• Asunción

Chile

Uruguay

Santiago •
Buenos Aires • • Montevideo

Argentina

ARGENTINA: UN PAÍS LITERARIO

Argentina es, junto a **Venezuela**, el país de Latinoamérica donde más se lee. Los argentinos dedican casi seis horas semanales a la lectura de periódicos, revistas y libros. Muchos escritores hispanos famosos son argentinos. **Buenos Aires**, la capital del país, es una ciudad con muchas librerías y cafés literarios. Y a ti, ¿te gusta leer?

LAS FERIAS

«Voy a la feria todos los años para conocer a mis autores favoritos, comprar su nuevo libro y pedirles una dedicatoria*», dice Juanjo Bosch, un estudiante de Literatura de Buenos Aires. La Feria del Libro se realiza cada año en abril; dura tres semanas y presenta las novedades editoriales de veinticinco países. En 2014, la visitaron más de 1.200.000 personas.

La otra gran feria del libro en español se realiza en Guadalajara, México. Esta feria es especialmente importante para las editoriales*, que presentan las novedades de la literatura en español y venden los derechos* de traducción de miles de libros. Por eso, este evento difunde la literatura en español en todo el mundo.

> **¿Qué libros traducidos del español has leído? ¿Cuántos más conoces?**

EL DÍA DEL LIBRO

El Día Internacional del Libro se celebra el veintitrés de abril en honor a los dos escritores más grandes de la literatura universal, Cervantes y Shakespeare, que murieron en 1616 con una semana de diferencia. Uno de los actos especiales de este día es la maratón de lectura, una tradición que celebran varios países de habla hispana. Consiste en leer fragmentos de la novela *Don Quijote de la Mancha* en público y por turnos hasta completar el libro. En esta actividad participa gente de todas las edades, además de políticos, actores y escritores.

En Cataluña (España), se celebra el Día de Sant Jordi (San Jorge). La tradición este día es regalar un libro y una rosa a tu pareja.

> **¿Qué tipo de ferias del libro hay en tu país o región? ¿Cómo se celebran?**

Interior del Café Tortoni en Buenos Aires

¿QUÉ LEES?

73%
56%
50%

☐ El periódico
☐ Un libro al año
■ Revistas

Los argentinos leen el periódico (el 73% de la población), al menos un libro al año (el 56%) y revistas (casi el 50%), según un estudio reciente de la Universidad de San Martín.

Aunque mucha gente lee en la pantalla de la computadora, solo el 8% dice leer libros digitales. El resto prefiere el formato tradicional de papel.

Las preferencias literarias cambian con la edad: los mayores de treinta y cinco años prefieren leer novelas históricas, y los menores eligen libros de fantasía o ciencia ficción.

En la avenida Corrientes, Buenos Aires, hay muchas librerías.

UNA CIUDAD LITERARIA

La capital argentina es una ciudad que ama la literatura. La famosa avenida Corrientes, en el centro de la ciudad, está llena de librerías donde se encuentran libros de segunda mano a precios bajos. Durante el día, estos locales están llenos de estudiantes en busca de ofertas*.
En el barrio de Recoleta está la librería El Ateneo, elegida por el periódico inglés *The Guardian* como la segunda librería más bonita del mundo. Es un espacio elegante, que antes fue un teatro y luego un cine. Tiene tres pisos* con más de 120.000 libros, y una cafetería.
En la avenida de Mayo hay otro lugar literario: es el Café Tortoni, una cafetería abierta en 1858 donde muchos escritores famosos como Jorge Luis Borges y Alfonsina Storni se reunían para tomar café y hablar de literatura.

> **¿Qué te gusta leer: periódicos, libros o revistas? ¿Qué tipo de literatura te gusta? ¿Lees en formato digital? ¿Por qué?**

> **¿Hay en tu ciudad cafés donde la gente se reúne para hablar de arte o literatura? ¿Cómo son?**

El día de Sant Jordi, la fiesta del libro de Cataluña

REALIZA UNA INVESTIGACIÓN RÁPIDA PARA ENCONTRAR LOS DATOS SIGUIENTES:

a ¿Qué otro escritor hispano murió en 1616? Busca algunos datos sobre su vida y su obra literaria.

b ¿Dónde está, según *The Guardian*, la librería más bonita del mundo?

c ¿Qué tipo de textos escribían Jorge Luis Borges y Alfonsina Storni?

GLOSARIO

la dedicatoria – dedication
los derechos – copyright
la editorial – publishing house
las ofertas – bargains
el piso – floor

Fuentes: NOP World Culture Score, Fundación El Libro, *La Nación, El Mercurio*, Universidad de San Martín.

VOCES LATINAS

Me gusta leer

EN RESUMEN

Situación

¿Eres experto a la hora de elegir vacaciones?

Because you are a frequent traveler, friends trust you to make travel recommendations based on your experiences. You are happy to talk about what you know and have done during your travels.

LEARNING OUTCOMES	ACTION

Talk about recent activities

12.1 Escribe un folleto para un *camping*, enumerando en él las actividades que ofrece. Después, cuéntale a un/a amigo/a cuáles de ellas has hecho recientemente.

Describe personal experiences

12.2 Tu amigo/a ha decidido pasar unos días en el *camping* que le has recomendado. Hazle preguntas para asegurarte de que está preparado. Empieza con las preguntas que siguen y añade tres más. Después, cambien de rol.

a. ¿Llevas los sacos de dormir?

b. ¿Has escuchado el pronóstico del tiempo?

c. ¿Has invitado a algunos amigos?

d. ¿Has preparado bocadillos?

e. ¿Has visto mi mapa?

Talk about staying at a hotel

12.3 Has estado recientemente en un hotel que no te ha gustado y quieres compartir tu experiencia con los demás. Escribe una crítica en tu blog explicando cómo ha sido tu estancia en él y por qué no te ha gustado.

www.viajerosinfronteras.com

Mi blog

Entrada + reciente

Entrada + visitada

Seguidores

Make comparisons

12.4 Lees en un blog una entrada sobre un hotel con la que no estás de acuerdo. Describe la experiencia que has tenido en ese hotel y compárala con lo que lees en el blog. Usa la crítica que ha escrito tu compañero/a para hacer las comparaciones.

LISTA DE VOCABULARIO

En el hotel *In the hotel*

el alojamiento lodging
el elevador elevator
la habitación doble double room
la habitación individual single room
la llave key
media pensión half board (breakfast and dinner)
pensión completa full room and board
la propina tip
el/la recepcionista receptionist
la reservación reservation
la temporada alta high season
la temporada baja low season

Actividades de ocio *Leisure activities*

la brújula compass
esquiar to ski
hacer buceo to dive
hacer puenting to go bungee jumping
hacer senderismo to go hiking
hacer surf to surf
ir a un parque acuático to go to a water park
ir de camping to go camping
jugar al ajedrez to play chess
montar a caballo to go horseback riding
montar en globo to ride in a hot-air balloon
patinar to skate
salir con amigos to go out with friends
volar en un parapente to go paragliding

Descripciones *Descriptions*

aburridísimo extremely boring
¿Cómo / Qué tal te ha ido? How was it?
¿Cómo / Qué tal te lo has pasado? Did you have a good time?
de miedo awesome
divertidísimo hilarious
estupendo amazing, wonderful
fatal awful
genial great
la más arriesgada the most daring
más o menos more or less
el miedo fear
ni fu ni fa so-so
superbién super
un desastre a disaster

Verbos *Verbs*

contar to tell, to count
dejar to leave, to lend
ensuciar to dirty
morir to die
regresar to return
romper to break, to break up

Los indefinidos
Indefinite pronouns and adjectives

algo something
alguien someone, somebody
alguno/a/os/as some, any
nada nothing
nadie no one, nobody
ninguno/a none, not any

Expresiones temporales
Time expressions

alguna vez ever
dos veces twice, two times
todavía no not yet
una vez once, one time
últimamente lately
ya already

TABLA DE VERBOS

PRESENT INDICATIVE OF REGULAR VERBS

–AR CANTAR	–ER COMER	–IR VIVIR
canto	como	vivo
cantas	comes	vives
canta	come	vive
cantamos	comemos	vivimos
cantáis	coméis	vivís
cantan	comen	viven

PRESENT TENSE OF REGULAR REFLEXIVE VERBS

BAÑARSE	DUCHARSE	LAVARSE	LEVANTARSE	PEINARSE
me baño	me ducho	me lavo	me levanto	me peino
te bañas	te duchas	te lavas	te levantas	te peinas
se baña	se ducha	se lava	se levanta	se peina
nos bañamos	nos duchamos	nos lavamos	nos levantamos	nos peinamos
os bañáis	os ducháis	os laváis	os levantáis	os peináis
se bañan	se duchan	se lavan	se levantan	se peinan

PRESENT TENSE OF IRREGULAR REFLEXIVE VERBS

ACORDARSE	ACOSTARSE	DESPERTARSE	REÍRSE	VESTIRSE
me acuerdo	me acuesto	me despierto	me río	me visto
te acuerdas	te acuestas	te despiertas	te ríes	te vistes
se acuerda	se acuesta	se despierta	se ríe	se viste
nos acordamos	nos acostamos	nos despertamos	nos reímos	nos vestimos
os acordáis	os acostáis	os despertáis	os reís	os vestís
se acuerdan	se acuestan	se despiertan	se ríen	se visten

VERBS LIKE *GUSTAR*

DOLER	ENCANTAR	MOLESTAR	PARECER
me duele/duelen	me encanta/encantan	me molesta/molestan	me parece/parecen
te duele/duelen	te encanta/encantan	te molesta/molestan	te parece/parecen
le duele/duelen	le encanta/encantan	le molesta/molestan	le parece/parecen
nos duele/duelen	nos encanta/encantan	nos molesta/molestan	nos parece/parecen
os duele/duelen	os encanta/encantan	os molesta/molestan	os parece/parecen
les duele/duelen	les encanta/encantan	les molesta/molestan	les parece/parecen

IRREGULAR VERBS IN THE PRESENT INDICATIVE

CERRAR	COMENZAR	CONCLUIR	CONDUCIR
cierro	comienzo	concluyo	conduzco
cierras	comienzas	concluyes	conduces
cierra	comienza	concluye	conduce
cerramos	comenzamos	concluimos	conducimos
cerráis	comenzáis	concluís	conducís
cierran	comienzan	concluyen	conducen

CONOCER	CONSTRUIR	CONTRIBUIR	DAR
conozco	construyo	contribuyo	doy
conoces	construyes	contribuyes	das
conoce	construye	contribuye	da
conocemos	construimos	contribuimos	damos
conocéis	construís	contribuís	dais
conocen	construyen	contribuyen	dan

DESTRUIR	DORMIR	EMPEZAR	ENCONTRAR
destruyo	duermo	empiezo	encuentro
destruyes	duermes	empiezas	encuentras
destruye	duerme	empieza	encuentra
destruimos	dormimos	empezamos	encontramos
destruís	dormís	empezáis	encontráis
destruyen	duermen	empiezan	encuentran

ENTENDER	ESTAR	HACER	HUIR
entiendo	estoy	hago	huyo
entiendes	estás	haces	huyes
entiende	está	hace	huye
entendemos	estamos	hacemos	huimos
entendéis	estáis	hacéis	huis
entienden	están	hacen	huyen

IR	JUGAR	MERENDAR	OÍR
voy	juego	meriendo	oigo
vas	juegas	meriendas	oyes
va	juega	merienda	oye
vamos	jugamos	merendamos	oímos
vais	jugáis	merendáis	oís
van	juegan	meriendan	oyen

PEDIR	PENSAR	PERDER	PODER
pido	pienso	pierdo	puedo
pides	piensas	pierdes	puedes
pide	piensa	pierde	puede
pedimos	pensamos	perdemos	podemos
pedís	pensáis	perdéis	podéis
piden	piensan	pierden	pueden

PONER	PROTEGER	QUERER	RECORDAR
pongo	protejo	quiero	recuerdo
pones	proteges	quieres	recuerdas
pone	protege	quiere	recuerda
ponemos	protegemos	queremos	recordamos
ponéis	protegéis	queréis	recordáis
ponen	protegen	quieren	recuerdan

SABER	SALIR	SEGUIR	SER
sé	**salgo**	**sigo**	**soy**
sabes	sales	sigues	**eres**
sabe	sale	sigue	**es**
sabemos	salimos	seguimos	**somos**
sabéis	salís	seguís	**sois**
saben	salen	siguen	**son**

SERVIR	SOÑAR	TENER	TRADUCIR
sirvo	sueño	**tengo**	traduzco
sirves	sueñas	tienes	traduces
sirve	sueña	tiene	traduce
servimos	soñamos	tenemos	traducimos
servís	soñáis	tenéis	traducís
sirven	sueñan	tienen	traducen

TRAER	VENIR	VER	VOLVER
traigo	**vengo**	**veo**	vuelvo
traes	vienes	ves	vuelves
trae	viene	ve	vuelve
traemos	venimos	vemos	volvemos
traéis	venís	veis	volvéis
traen	vienen	ven	vuelven

PRETERIT

Regular verbs

-AR CANTAR	-ER COMER	-IR VIVIR
canté	comí	viví
cantaste	comiste	viviste
cantó	comió	vivió
cantamos	comimos	vivimos
cantasteis	comisteis	vivisteis
cantaron	comieron	vivieron

Irregular verbs

ANDAR	CAER	COMENZAR	CONCLUIR
anduve	caí	comencé	concluí
anduviste	caíste	comenzaste	concluiste
anduvo	cayó	comenzó	concluyó
anduvimos	caímos	comenzamos	concluimos
anduvisteis	caísteis	comenzasteis	concluisteis
anduvieron	cayeron	comenzaron	concluyeron

CONSTRUIR	**CONTRIBUIR**	**DAR**	**DECIR**
construí	contribuí	**di**	**dije**
construiste	contribuiste	**diste**	**dijiste**
constru**yó**	contribu**yó**	**dio**	**dijo**
construimos	contribuimos	**dimos**	**dijimos**
construisteis	contribuisteis	**disteis**	**dijisteis**
constru**yeron**	contribu**yeron**	**dieron**	**dijeron**

DESTRUIR	**DORMIR**	**ELEGIR**	**EMPEZAR**
destruí	dormí	elegí	empe**c**é
destruiste	dormiste	elegiste	empezaste
destru**yó**	du**r**mió	el**i**gió	empezó
destruimos	dormimos	elegimos	empezamos
destruisteis	dormisteis	elegisteis	empezasteis
destru**yeron**	du**r**mieron	el**i**gieron	empezaron

ESTAR	**HABER**	**HACER**	**IR**
estuve		**hice**	**fui**
estuviste		**hiciste**	**fuiste**
estuvo	**hubo**	**hizo**	**fue**
estuvimos		**hicimos**	**fuimos**
estuvisteis		**hicisteis**	**fuisteis**
estuvieron		**hicieron**	**fueron**

JUGAR	**LEER**	**MEDIR**	**MORIR**
ju**gu**é	leí	medí	morí
jugaste	leíste	mediste	moriste
jugó	le**yó**	m**i**dió	m**u**rió
jugamos	leímos	medimos	morimos
jugasteis	leísteis	medisteis	moristeis
jugaron	le**yeron**	m**i**dieron	m**u**rieron

OÍR	**PEDIR**	**PESCAR**	**PODER**
oí	pedí	pes**qu**é	**pude**
oíste	pediste	pescaste	**pudiste**
o**yó**	p**i**dió	pescó	**pudo**
oímos	pedimos	pescamos	**pudimos**
oísteis	pedisteis	pescasteis	**pudisteis**
o**yeron**	p**i**dieron	pescaron	**pudieron**

PONER	**QUERER**	**SABER**	**SER**
puse	**quise**	**supe**	**fui**
pusiste	**quisiste**	**supiste**	**fuiste**
puso	**quiso**	**supo**	**fue**
pusimos	**quisimos**	**supimos**	**fuimos**
pusisteis	**quisisteis**	**supisteis**	**fuisteis**
pusieron	**quisieron**	**supieron**	**fueron**

SERVIR	SONREÍR	TENER	TRADUCIR
serví	sonreí	**tuve**	**traduje**
serviste	sonreíste	**tuviste**	**tradujiste**
si**rvió**	sonr**ió**	**tuvo**	**tradujo**
servimos	sonreímos	**tuvimos**	**tradujimos**
servisteis	sonreísteis	**tuvisteis**	**tradujisteis**
si**rvieron**	sonr**ieron**	**tuvieron**	**tradujeron**

TRAER	VENIR	VER
traje	**vine**	**vi**
trajiste	**viniste**	**viste**
trajo	**vino**	**vio**
trajimos	**vinimos**	**vimos**
trajisteis	**vinisteis**	**visteis**
trajeron	**vinieron**	**vieron**

IMPERFECT

Regular verbs

-AR CANTAR	-ER COMER	-IR VIVIR
cant**aba**	com**ía**	viv**ía**
cant**abas**	com**ías**	viv**ías**
cant**aba**	com**ía**	viv**ía**
cant**ábamos**	com**íamos**	viv**íamos**
cant**abais**	com**íais**	viv**íais**
cant**aban**	com**ían**	viv**ían**

Irregular verbs

SER	IR	VER
era	**iba**	**veía**
eras	**ibas**	**veías**
era	**iba**	**veía**
éramos	**íbamos**	**veíamos**
erais	**ibais**	**veíais**
eran	**iban**	**veían**

PRESENT PERFECT

Regular verbs

-AR CANTAR	-ER COMER	-IR VIVIR
he cant**ado**	he com**ido**	he viv**ido**
has cant**ado**	has com**ido**	has viv**ido**
ha cant**ado**	ha com**ido**	ha viv**ido**
hemos cant**ado**	hemos com**ido**	hemos viv**ido**
habéis cant**ado**	habéis com**ido**	habéis viv**ido**
han cant**ado**	han com**ido**	han viv**ido**

Irregular past participles

abrir ▶ **abierto**		freír ▶ **frito**		resolver ▶ **resuelto**	
absolver ▶ **absuelto**		hacer ▶ **hecho**		revolver ▶ **revuelto**	
cubrir ▶ **cubierto**		imprimir ▶ **impreso**		romper ▶ **roto**	
decir ▶ **dicho**		morir ▶ **muerto**		ver ▶ **visto**	
escribir ▶ **escrito**		poner ▶ **puesto**		volver ▶ **vuelto**	

AFFIRMATIVE AND NEGATIVE COMMANDS

Regular verbs

CANTAR	COMER	VIVIR
cant**a** / no cant**es**	com**e** / no com**as**	viv**e** / no viv**as**
(no) cant**e**	(no) com**a**	(no) viv**a**
(no) cant**en**	(no) com**an**	(no) viv**an**

Irregular verbs

CAER	CONDUCIR	CONOCER	CONSTRUIR	CONTAR
cae / no **caigas**	conduce / no condu**zc**a	conoce / no cono**zc**as	constru**y**e / no constru**y**as	c**ue**nta / no c**ue**ntes
(no) **caiga**	(no) condu**zc**a	(no) cono**zc**a	(no) constru**y**a	(no) c**ue**nte
(no) **caigan**	(no) condu**zc**an	(no) cono**zc**an	(no) constru**y**an	(no) c**ue**nten

DECIR	DORMIR	ELEGIR	EMPEZAR	HACER
di / no **digas**	d**ue**rme / no d**ue**rmas	el**i**ge / no el**ij**as	emp**iez**a / no emp**iec**es	**haz** / no **hagas**
(no) **diga**	(no) d**ue**rma	(no) el**ij**a	(no) emp**iec**e	(no) **haga**
(no) **digan**	(no) d**ue**rman	(no) el**ij**an	(no) emp**iec**en	(no) **hagan**

HUIR	IR	JUGAR	LLEGAR	OÍR
hu**y**e / no hu**y**as	**ve** / no **vayas**	j**ue**ga / no j**uegu**es	llega / no lle**gu**es	o**y**e / no **oigas**
(no) hu**y**a	(no) **vaya**	(no) j**uegu**e	(no) lle**gu**e	(no) **oiga**
(no) hu**y**an	(no) **vayan**	(no) j**uegu**en	(no) lle**gu**en	(no) **oigan**

PEDIR	PENSAR	PONER	SABER	SALIR
p**i**de / no p**i**das	p**ie**nsa / no p**ie**nses	**pon** / no **pongas**	sabe / no **sepas**	**sal** / no **salgas**
(no) p**i**da	(no) p**ie**nse	(no) **ponga**	(no) **sepa**	(no) **salga**
(no) p**i**dan	(no) p**ie**nsen	(no) **pongan**	(no) **sepan**	(no) **salgan**

SER	TENER	VENIR	VESTIR	VOLVER
sé / no **seas**	**ten** / no **tengas**	**ven** / no **vengas**	v**i**ste / no v**i**stas	v**ue**lve / no v**ue**lvas
(no) **sea**	(no) **tenga**	(no) **venga**	(no) v**i**sta	(no) v**ue**lva
(no) **sean**	(no) **tengan**	(no) **vengan**	(no) v**i**stan	(no) v**ue**lvan

FUTURE TENSE

Regular verbs

CANTAR	COMER	VIVIR
cantar**é**	comer**é**	vivir**é**
cantar**ás**	comer**ás**	vivir**ás**
cantar**á**	comer**á**	vivir**á**
cantar**emos**	comer**emos**	vivir**emos**
cantar**éis**	comer**éis**	vivir**éis**
cantar**án**	comer**án**	vivir**án**

Irregular verbs

CABER	DECIR	HABER	HACER
cabré	diré	habré	haré
cabrás	dirás	habrás	harás
cabrá	dirá	habrá	hará
cabremos	diremos	habremos	haremos
cabréis	diréis	habréis	haréis
cabrán	dirán	habrán	harán

PODER	PONER	QUERER	SABER
podré	pondré	querré	sabré
podrás	pondrás	querrás	sabrás
podrá	pondrá	querrá	sabrá
podremos	pondremos	querremos	sabremos
podréis	pondréis	querréis	sabréis
podrán	pondrán	querrán	sabrán

SALIR	TENER	VALER	VENIR
saldré	tendré	valdré	vendré
saldrás	tendrás	valdrás	vendrás
saldrá	tendrá	valdrá	vendrá
saldremos	tendremos	valdremos	vendremos
saldréis	tendréis	valdréis	vendréis
saldrán	tendrán	valdrán	vendrán

PLUPERFECT (Past perfect)

había
habías
había
habíamos
habíais
habían

–**ado** (–ar verbs)
–**ido** (–er / ir verbs)

cant**ado**
com**ido**
viv**ido**

Irregular past participles

abrir	▶ **abierto**	escribir	▶ **escrito**
hacer	▶ **hecho**	ver	▶ **visto**
decir	▶ **dicho**	poner	▶ **puesto**
romper	▶ **roto**	volver	▶ **vuelto**

CONDITIONAL

Regular verbs

HABLAR	COMER	ESCRIBIR
hablaría	comería	escribiría
hablarías	comerías	escribirías
hablaría	comería	escribiría
hablaríamos	comeríamos	escribiríamos
hablaríais	comeríais	escribiríais
hablarían	comerían	escribirían

Irregular verbs

caber ▶ **cabr–**	tener ▶ **tendr–**	hacer ▶ **har–**		–ía
haber ▶ **habr–**	poder ▶ **podr–**	decir ▶ **dir–**		–ías
saber ▶ **sabr–**	poner ▶ **pondr–**			–ía
querer ▶ **querr–**	venir ▶ **vendr–**		+	–íamos
	salir ▶ **saldr–**			–íais
	valer ▶ **valdr–**			–ían

PRESENT SUBJUNCTIVE

Regular verbs

HABLAR	COMER	ESCRIBIR
hable	coma	escriba
hables	comas	escribas
hable	coma	escriba
hablemos	comamos	escribamos
habléis	comáis	escribáis
hablen	coman	escriban

Irregular verbs

Stem-changing verbs

QUERER	VOLVER	JUGAR	PEDIR
e ▶ ie	o ▶ ue	u ▶ ue	e ▶ i
			(en todas las personas)
quiera	vuelva	juegue	pida
quieras	vuelvas	juegues	pidas
quiera	vuelva	juegue	pida
queramos	volvamos	juguemos	pidamos
queráis	volváis	juguéis	pidáis
quieran	vuelvan	jueguen	pidan

» The verbs **dormir** and **morir** have two stem changes in the present subjunctive: **o ▶ ue** and **o ▶ u**:
  – d**ue**rma, d**ue**rmas, d**ue**rma, d**u**rmamos, d**u**rmáis, d**ue**rman
  – m**ue**ra, m**ue**ras, m**ue**ra, m**u**ramos, m**u**ráis, m**ue**ran

Verbs with irregular **yo** forms in the present tense

poner ▶ **pong–**	traer ▶ **traig–**	**–a**
tener ▶ **teng–**	hacer ▶ **hag–**	**–as**
salir ▶ **salg–**	caer ▶ **caig–**	**–a**
venir ▶ **veng–**	construir ▶ **construy–**	**–amos**
decir ▶ **dig–**	conocer ▶ **conozc–**	**–áis**
		–an

Verbs that are completely irregular

HABER	IR	SABER	ESTAR	SER	VER	DAR
haya	**vaya**	**sepa**	**esté**	**sea**	**vea**	**dé**
hayas	**vayas**	**sepas**	**estés**	**seas**	**veas**	**des**
haya	**vaya**	**sepa**	**esté**	**sea**	**vea**	**dé**
hayamos	**vayamos**	**sepamos**	**estemos**	**seamos**	**veamos**	**demos**
hayáis	**vayáis**	**sepáis**	**estéis**	**seáis**	**veáis**	**deis**
hayan	**vayan**	**sepan**	**estén**	**sean**	**vean**	**den**

Other verbs with irregular forms in the subjunctive

e ▶ ie (except in the **nosotros** and **vosotros** forms)

cerrar ▶ c**ie**rre	encender ▶ enc**ie**nda	mentir ▶ m**ie**nta
comenzar ▶ com**ie**nce	encerrar ▶ enc**ie**rre	querer ▶ qu**ie**ra
despertarse ▶ se desp**ie**rte	entender ▶ ent**ie**nda	recomendar ▶ recom**ie**nde
divertirse ▶ se div**ie**rta	gobernar ▶ gob**ie**rne	sentarse ▶ se s**ie**nte
empezar ▶ emp**ie**ce	manifestar ▶ manif**ie**ste	sentir ▶ s**ie**nta

o ▶ ue (except in the **nosotros** and **vosotros** forms)

e ▶ i (en todas las personas)

acordarse ▶ se ac**ue**rde	rogar ▶ r**ue**gue	competir ▶ comp**i**ta
acostarse ▶ se ac**ue**ste	soler ▶ s**ue**la	despedir ▶ desp**i**da
contar ▶ c**ue**nte	sonar ▶ s**ue**ne	despedirse ▶ se desp**i**da
llover ▶ ll**ue**va	soñar ▶ s**ue**ñe	impedir ▶ imp**i**da
probar ▶ pr**ue**be	volar ▶ v**ue**le	medir ▶ m**i**da
resolver ▶ res**ue**lva	volver ▶ v**ue**lva	repetir ▶ rep**i**ta

IMPERFECT SUBJUNCTIVE

Regular verbs

PRACTICAR	BEBER	SALIR
practic**ara**	beb**iera**	sal**iera**
practic**aras**	beb**ieras**	sal**ieras**
practic**ara**	beb**iera**	sal**iera**
practic**áramos**	beb**iéramos**	sal**iéramos**
practic**arais**	beb**ierais**	sal**ierais**
practic**aran**	beb**ieran**	sal**ieran**

INFINITIVO	PRETERIT	IMPERFECT SUBJUNCTIVE
poner	pusieron	pusiera
dormir	durmieron	durmiera
conducir	condujeron	condujera
pedir	pidieron	pidiera
querer	quisieron	quisiera
hacer	hicieron	hiciera
poder	pudieron	pudiera
tener	tuvieron	tuviera
oír	oyeron	oyera
construir	construyeron	construyera
ser / ir	fueron	fuera
estar	estuvieron	estuviera
haber	hubieron	hubiera

RESUMEN GRAMATICAL

HAY / ESTÁ(N)

EXISTENCE	LOCATION
» Use **hay** to talk or ask about what there is/are. **Hay** is invariable. *En mi clase **hay** muchos libros.* *In my class, there are many books.*	» Use **estar** to talk or ask about where people or things are located. *Los libros **están** en la estantería.* *The books are in the bookcase.*
hay + un, una, unos, unas + noun	**el, la, los, las** + noun + **está(n)**

IRREGULAR VERBS

	IR	SEGUIR	JUGAR	CONOCER
yo	**voy**	**si**go	**jue**go	cono**zco**
tú	**vas**	si**gues**	**jue**gas	conoces
usted/él/ella	**va**	si**gue**	**jue**ga	conoce
nosotros/as	**vamos**	seguimos	jugamos	conocemos
vosotros/as	**vais**	seguís	jugáis	conocéis
ustedes/ellos/ellas	**van**	si**guen**	**jue**gan	conocen

EXPANSIÓN GRAMATICAL

» Other verbs with **–zc** in the yo form:
– agradecer *(to be grateful)* **agradezco**
– conducir *(to drive)* **conduzco**
– producir *(to produce)* **produzco**
– traducir *(to translate)* **traduzco**

» Other verbs with **–gu ▶ g** in the **yo** form:
– conseguir *(to attain, to get)* **consigo**
– distinguir *(to distinguish)* **distingo**

PREPOSITIONS A, EN, DE

Preposition	Use...	
en	with modes of **transportation**	*Viajamos **en** tren. We travel by train.*
a	to express **destination**	*Voy **a** Florida. I'm going to Florida.*
de	to express **origin** or point of **departure**	*Salgo **de** Miami. I'm leaving from Miami.*

DIRECT OBJECT PRONOUNS

me **te** **lo/la**	● *¿Tienes el libro de Matemáticas? Do you have the math book?* ● *Sí, **lo** tengo en mi casa. Yes, I have it at home.*
nos **os** **los/las**	● *¿Quién compra la tarta de cumpleaños? Who is buying the birthday cake?* ● ***La** compramos nosotros. We are buying it.*

ADVERBS OF QUANTITY

	To express how much
Action Verbs	**demasiado** ▶ *Luis trabaja **demasiado**.* Luis works too much.
	mucho ▶ *Ana viaja **mucho**.* Ana travels a lot.
	bastante ▶ *Pedro estudia **bastante**.* Pedro studies a lot.
	poco ▶ *Luis estudia **poco**.* Luis doesn't study much.

MUY/MUCHO

MUY	**MUCHO**
» **Muy** is invariable and can be used before adjectives to express *very*. *Él/ella es **muy** inteligente.* He/she is very intelligent. *Ellos/ellas son **muy** inteligentes.* They are very intelligent.	» Use **mucho** after a verb to express *how much*. As an adverb, it does not change form. *Juan come **mucho**.* Juan eats a lot.
» And before adverbs to express *how*. *Él/ella habla **muy** despacio.* He/She speaks slowly. *Ellos/ellas hablan **muy** despacio.* They speak slowly.	» Use **mucho** before a noun to express *how many*. Here it functions as an adjective and must agree with the noun in number and gender. *Juan lee **muchos** libros.* Juan reads many books. *Hay **mucha** gente.* There are many people. *María tiene **muchos** amigos.* Maria has many friends.

UNIDAD 7

EXPRESSING OBLIGATION

HAY QUE + INFINITIVE	**TENER QUE + INFINITIVE**	**DEBER + INFINITIVE**
» To express obligation or what is necessary for all. **Hay que hacer** *la tarea.*	» To express obligation or a need for a particular person. **Tengo que estudiar** *mucho para Ciencias.*	» To express obligation in terms of making a recommendation or giving advice. *Si tienes hambre,* **debes comer** *algo.*

TALKING ABOUT FUTURE PLANS AND HAPPENINGS

IR A + INFINITIVE

» Saying what you and others are going to do. **Voy a ir** *al cine con mis amigos.*

» Describing what is going to happen. *Hay nubes en el cielo,* **va a llover**.

» With time expressions. *Esta tarde* **voy a jugar** *al tenis.*

COMPARATIVES (WITH ADJECTIVES AND ADVERBS)

» **más... que** ▶ *Julián es **más** rápido **que** Pedro.*   *more... than...*

» **menos... que** ▶ *Pedro camina **menos** lento **que** Julián.*   *less... than...*

» **tan... como** ▶ *Julián es **tan** divertido **como** Pedro.*   *as... as...*

EXPANSIÓN GRAMATICAL

To compare quantities (with nouns):

» **más... que** ▶ *Julián tiene **más** tiempo libre **que** Pedro.* *Julián has more free time than Pedro.*

» **menos... que** ▶ *Julián tiene **menos** tiempo libre **que** Pedro.* *Julián has less free time than Pedro.*

» **tanto/a/os/as... como** ▶ *Julián tiene **tanto** tiempo libre **como** Pedro.* *Julián has as much free time as Pedro.*

To compare actions (with verbs):

» **... más que** ▶ *Julián estudia **más que** Pedro.* *Julián studies more than Pedro.*

» **... menos que** ▶ *Julián habla **menos que** Pedro.* *Julián talks less than Pedro.*

» **... tanto como** ▶ *Julián come **tanto como** Pedro.* *Julián eats as much as Pedro.*

UNIDAD 8

PRETERIT (REGULAR VERBS)

	-AR **VIAJAR**	-ER **COMER**	-IR **VIVIR**
yo	viaj**é**	com**í**	viv**í**
tú	viaj**aste**	com**iste**	viv**iste**
usted/él/ella	viaj**ó**	com**ió**	viv**ió**
nosotros/as	viaj**amos**	com**imos**	viv**imos**
vosotros/as	viaj**asteis**	com**isteis**	viv**isteis**
ustedes/ellos/ellas	viaj**aron**	com**ieron**	viv**ieron**

» Use the preterit to talk about specific actions that began and ended at a fixed point in the past.
*Ayer por la tarde **estudié** en la biblioteca.*
*La semana pasada **comí** en casa de mis abuelos.*

» The preterit is often used with the following time expressions:
- **ayer** (por la mañana / al mediodía / por la tarde / por la noche)
- **anteayer / antes de ayer**
- **anoche**
- **el otro día**
- **la semana pasada / el mes pasado / el lunes pasado / el sábado pasado**
- **hace** dos meses
- **en** enero (del año pasado / de hace dos años)
- **el** veinticinco de septiembre de 1982

VOLVER A + INFINITIVE

>> Use **volver a** + infinitive to express an action that is repeated, that is being done again.

*Cristóbal Colón viajó a América en 1492 y **volvió a viajar** allí varias veces más.*

*Después de tres años, **volví a visitar** el pueblo de mis abuelos.*

*El próximo curso **vuelvo a estudiar** francés en el instituto.*

PRETERIT (IRREGULAR VERBS)

>> Only –**ir** verbs that change stem in the present will change stem in the preterit. Stem-changing verbs that end in –**ar** and –**er** do not change stem in the preterit.

	PEDIR	DORMIR	CONSTRUIR
	E ▶ I	O ▶ U	I ▶ Y
yo	pedí	dormí	construí
tú	pediste	dormiste	construiste
usted/él/ella	p**i**dió	d**u**rmió	constru**y**ó
nosotros/as	pedimos	dormimos	construimos
vosotros/as	pedisteis	dormisteis	construisteis
ustedes/ellos/ellas	p**i**dieron	d**u**rmieron	constru**y**eron

EXPANSIÓN GRAMATICAL

Other stem-changing verbs in the preterit:

>> **e ▶ i:**
- div**e**rtirse ▶ *se div**i**rtió, se div**i**rtieron*
- m**e**ntir ▶ *m**i**ntió, m**i**ntieron*
- s**e**ntir ▶ *s**i**ntió, s**i**ntieron*
- p**e**dir ▶ *p**i**dió, p**i**dieron*
- m**e**dir ▶ *m**i**dió, m**i**dieron*
- r**e**ír ▶ *rio, rieron*
- desp**e**dir ▶ *desp**i**dió, desp**i**dieron*
- el**e**gir ▶ *el**i**gió, el**i**gieron*
- imp**e**dir ▶ *imp**i**dió, imp**i**dieron*
- rep**e**tir ▶ *rep**i**tió, rep**i**tieron*
- s**e**guir ▶ *s**i**guió, s**i**guieron*

>> **o ▶ u:**
- m**o**rir ▶ *m**u**rió, m**u**rieron*

>> **i ▶ y:**
- constru**i**r ▶ *constru**y**ó, constru**y**eron*
- o**í**r ▶ *o**y**ó, o**y**eron*
- cre**e**r ▶ *cre**y**ó, cre**y**eron*
- ca**e**r ▶ *ca**y**ó, ca**y**eron*
- sustitu**i**r ▶ *sustitu**y**ó, sustitu**y**eron*
- le**e**r ▶ *le**y**ó, le**y**eron*

IRREGULAR VERBS IN THE PRETERIT

	SER / IR	DAR
yo	fui	di
tú	fuiste	diste
usted/él/ella	fue	dio
nosotros/as	fuimos	dimos
vosotros/as	fuisteis	disteis
ustedes/ellos/ellas	fueron	dieron

VERBS WITH IRREGULAR STEMS

estar ▶ **estuv–**	saber ▶ **sup–**	e		
andar ▶ **anduv–**	caber ▶ **cup–**	iste		
tener ▶ **tuv–**	venir ▶ **vin–**	o		– hacer, él ▶ hizo
haber ▶ **hub–**	querer ▶ **quis–**	imos		– decir, ellos ▶ di**j**eron
poder ▶ **pud–**	hacer ▶ **hic/z–**	isteis		
poner ▶ **pus–**	decir ▶ **dij–**	ieron		

TIME EXPRESSIONS USED WITH THE PRETERIT

» To talk about an action that started in the past:
  – **Antes de** + llegar / salir / empezar…
  – Años / días / meses + **más tarde**…
  – **A** los dos meses / **a las** tres semanas…
  – **Al cabo de** + un mes /dos años…
  – **Al** año / **a la** mañana + **siguiente**…
  – Un día / mes / año + **después**…
    Antes de salir de casa, agarré las llaves.
    *Empecé a leer un libro y **al cabo de** dos horas lo terminé.*

» To talk about the duration of an action:
  – **De… a / Desde… hasta**
    *Estuve estudiando español **desde** las cinco **hasta** las ocho.*
  – **Durante**
    *Estuve estudiando español **durante** tres horas.*

» To talk about the end of an action:
  – **Hasta** (que)
    *Estudié español **hasta que** cumplí dieciocho años y viajé a España.*

LONG FORM POSSESSIVES

	Singular		Plural		
	Masculine	**Feminine**	**Masculine**	**Feminine**	
yo	mío	mía	míos	mías	*my, (of) mine*
tú	tuyo	tuya	tuyos	tuyas	*your, (of) yours*
usted/él/ella	suyo	suya	suyos	suyas	*your/his/her, (of) yours/his/hers*
nosotros/as	nuestro	nuestra	nuestros	nuestras	*our, (of) ours*
vosotros/as	vuestro	vuestra	vuestros	vuestras	*your, (of) yours (Spain)*
ustedes/ellos/ellas	suyo	suya	suyos	suyas	*your/their, (of) yours/theirs*

>> Long form possessives always follow the noun. They also function as pronouns.
- *Es un error **tuyo**.* (adjective)
- *¿**Mío**?* (pronoun)
- *Sí, **tuyo**.* (pronoun)

EXPANSIÓN GRAMATICAL

	Singular		Plural		
	Masculine	**Feminine**	**Masculine**	**Feminine**	
yo	**mi** carro	**mi** casa	**mis** carros	**mis** casas	*my*
tú	**tu** carro	**tu** casa	**tus** carros	**tus** casas	*your*
usted/él/ella	**su** carro	**su** casa	**sus** carros	**sus** casas	*your, his, her*
nosotros/as	**nuestro** carro	**nuestra** casa	**nuestros** carros	**nuestras** casas	*our*
vosotros/as	**vuestro** carro	**vuestra** casa	**vuestros** carros	**vuestras** casas	*your (Spain)*
ustedes/ellos/ellas	**su** carro	**su** casa	**sus** carros	**sus** casas	*your, their*

UNIDAD 10

NUMBERS (100-999)

100	cien	**400**	cuatrocientos	**700**	setecientos
101	ciento uno	**415**	cuatrocientos quince	**720**	setecientos veinte
200	doscientos	**500**	quinientos	**800**	ochocientos
202	doscientos dos	**526**	quinientos veintiséis	**897**	ochocientos noventa y siete
300	trescientos	**600**	seiscientos	**899**	ochocientos noventa y nueve
303	trescientos tres	**669**	seiscientos sesenta y nueve	**900**	novecientos

SER AND *ESTAR*

>> Use the verb **ser** to talk about:
- what a person or a thing is:
  *Madrid **es** una ciudad.*
- physical characteristics:
  *Isaac **es** guapísimo.*
- what an object is made of:
  *La mesa **es** de madera.*

- what a person or an object is like:
  *Carmen **es** muy simpática.*
- someone's nationality:
  *Carlo **es** italiano.*
- what time it is:
  ***Son** las tres de la tarde.*

- someone's profession:
  *Francisco **es** profesor.*

>> Use the verb **estar** to talk about:
- where a person or an object is located:
  *Javi no **está** en casa.*
  *La Puerta del Sol **está** en Madrid.*
  *Mi casa **está** lejos de la escuela.*

- temporary situations or conditions:
  *Laura **está** enferma.*
  *Luis **está** muy triste.*
  *La biblioteca **está** cerrada los fines de semana.*

>> Some adjectives in Spanish change meaning when used with **ser** or **estar**.

ADJECTIVE	SER	ESTAR
aburrido/a	*Ese libro es aburrido.* *That book is boring.*	*Estoy aburrido.* *I am bored.*
abierto/a	*Soy una persona abierta.* *I am a sincere, candid person.*	*La tienda está abierta.* *The store is open.*
listo/a	*¡Qué listo eres!* *You are so smart!*	*Ya estoy listo, vámonos.* *I'm ready, let's go.*
malo/a	*Ese gato no es malo.* *That cat is not bad/evil.*	*Ese gato está malo.* *That cat is sick.*
rico/a	*Carlos Slim tiene mucho dinero, es muy rico.* *Carlos Slim has a lot of money. He's very rich.*	*¡Las arepas que preparaste están muy ricas!* *The arepas you prepared taste great!*

PRESENT PROGRESSIVE TENSE

>> Use **estar** + present participle to express an action in progress or the continuity of an action.
To form the present participle:

Verbs in –**ar** ▶ –**ando**	trabaj-ar ▶ trabaj**ando**
Verbs in –**er** / –**ir** ▶ –**iendo**	corr-er ▶ corr**iendo**
	escrib-ir ▶ escrib**iendo**

Irregular present participles:

dormir ▶ **durmiendo**   leer ▶ **leyendo**   oí ▶ **oyendo**   pedir ▶ **pidiendo**

INFORMAL COMMANDS

>> Use the imperative verb form for **tú** when you want to give a command, to tell someone to do something, or to give advice and suggestions.

>> To form the affirmative **tú** command, drop the –**s** from the present-tense form of **tú**.

INFINITIVE		AFFIRMATIVE *TÚ* COMMANDS
habl**ar**	**habla**	▶ *Habla más lentamente. Speak more slowly.*
com**er**	**come**	▶ *Come despacio. Eat slowly.*
escrib**ir**	**escribe**	▶ *Escribe la carta. Write the letter.*
empezar (e ▶ ie)	**empieza**	▶ *Empieza la tarea. Start the homework.*
dormir (o ▶ ue)	**duerme**	▶ *Duerme bien. Sleep well.*
seguir (e ▶ i)	**sigue**	▶ *Sigue las direcciones. Follow the directions.*

>> The following verbs have irregular **tú** commands in the affirmative:

Infinitive	oír	tener	venir	salir	ser	poner	hacer	decir	ir
Imperative	**oye**	**ten**	**ven**	**sal**	**sé**	**pon**	**haz**	**di**	**ve**

POR QUÉ / PORQUE

» Use **por qué** to ask the question why:

● ¿**Por qué** estudias español?

» Use **porque** to answer and explain why:

● (Estudio español) **porque** me gusta mucho.

IMPERFECT

» Regular verbs:

	-AR **HABLAR**	-ER **COMER**	-IR **VIVIR**
yo	habl**aba**	com**ía**	viv**ía**
tú	habl**abas**	com**ías**	viv**ías**
usted/él/ella	habl**aba**	com**ía**	viv**ía**
nosotros/as	habl**ábamos**	com**íamos**	viv**íamos**
vosotros/as	habl**abais**	com**íais**	viv**íais**
ustedes/ellos/ellas	habl**aban**	com**ían**	viv**ían**

» Irregular verbs:

	SER	**VER**	**IR**
yo	**era**	**veía**	**iba**
tú	**eras**	**veías**	**ibas**
usted/él/ella	**era**	**veía**	**iba**
nosotros/as	**éramos**	**veíamos**	**íbamos**
vosotros/as	**erais**	**veíais**	**ibais**
ustedes/ellos/ellas	**eran**	**veían**	**iban**

» Use the imperfect tense for the following:
  – To refer to actions in the past that occurred repeatedly.
    Antes **salíamos** todos los fines de semana.
  – To describe people or circumstances in the past.
    Mi abuelo **era** muy trabajador.
  – To "set the stage" for an event that occurred in the past.
    Aquella tarde yo **estaba leyendo** en el parque cuando empezó a llover.

» The imperfect form of **hay** is **había**.

» The imperfect is often used with the following time expressions:

Antes me gustaba mucho el chocolate, ahora no.
De pequeño / **De joven** jugaba mucho con mis amigos.

Entonces la vida en España era diferente.
Cuando estudiaba en la universidad, no salía mucho.

SUPERLATIVE

» The **superlative** is used to express most and least as degrees of comparison among three or more people or things.

el/la/los/las	+	noun / ∅	+	**más** / **menos**	+	adjective	+	**de** + noun / **que** + verb

*Mis sobrinas son **las** niñas **más** guapas **de** la familia.*
*Este restaurante es **el más** caro **de** la ciudad.*

*Este camino es **el menos** conocido **de** la zona.*
*Eres **la** persona **más** curiosa **que** conozco.*

» To express the idea of extremely, add –**ísimo/a/os/as** to the adjective.

Adjetivo masculino singular
Adverbio   **+ ísimo/a/os/as**

EXPANSIÓN GRAMATICAL

» Rules for adding to adjectives and adverbs:

Adjectives and adverbs ending in a vowel	▶	Drop the vowel and add: –**ísimo** *último* ▶ *ultim**ísimo*** *grande* ▶ *grand**ísimo***
Adjectives and adverbs ending in a consonant	▶	Add: –**ísimo** *fácil* ▶ *facil**ísimo*** *difícil* ▶ *dificil**ísimo***
Adverbs ending in –mente	▶	Add –**ísimo** to the adjective and then add –**mente**: *rápida**mente*** ▶ *rapid* ▶ *rapid**ísimamente***

» Irregular forms:

bueno / bien	▶	**óptimo/a**	grande	▶	**máximo/a**	alto	▶	**supremo/a**
malo / mal	▶	**pésimo/a**	pequeño	▶	**mínimo/a**	bajo	▶	**ínfimo/a**

*Creo que es una solución **pésima**.*
*En estos casos, el director tiene la **máxima** responsabilidad.*
*En realidad es de una calidad **ínfima**, por eso no me gusta.*

PRESENT PERFECT

» The present perfect is formed with the present tense of **haber** and the past participle of the main verb.

Irregular past participles			

yo	**he**		morir	▶	**muerto**	escribir	▶	**escrito**
tú	**has**		abrir	▶	**abierto**	ver	▶	**visto**
usted/él/ella	**ha**	visit**ado** (–ar verbs)	poner	▶	**puesto**	hacer	▶	**hecho**
nosotros/as	**hemos**	com**ido** (–er verbs)	decir	▶	**dicho**	volver	▶	**vuelto**
vosotros/as	**habéis**	viv**ido** (–ir verbs)	romper	▶	**roto**			
ustedes/ellos/ellas	**han**							

» Use the present perfect to talk about actions that have taken place in the past but are connected with the present.
   *Esta semana **he tenido** que estudiar mucho.*   *Este año **he ido** a la playa.*

>> The present perfect is often used with the following time expressions:

- **este** fin de semana / mes / verano / año…
- **esta** mañana / tarde / semana…
- **estas** navidades / semanas…
- **estos** días / meses…
- **hace** un rato / un momento / diez minutos…
- **ya**…
- **todavía no**…

DIRECT AND INDIRECT OBJECT PRONOUNS

	Direct object pronouns	Indirect object pronouns
yo	me	me
tú	te	te
usted/él/ella	lo/la	le (se)
nosotros/as	nos	nos
vosotros/as	os	os
ustedes/ellos/ellas	los/las	les (se)

*He agarrado las llaves y **las** he metido en el bolso.*   ***Le** he dicho a Javier la verdad.*

>> When two object pronouns are used in a sentence, the order is always: indirect object + direct object.

- *¿Dónde me has dejado mi libro?* *Where did you leave me my book?*
- ***Te lo** he dejado encima de la mesa.*
  a ti el libro

>> When **le/les** comes before **lo/la/los/las**, it changes to **se**:

le/les + lo/la/lo/las = **se** + lo/la/lo/las

(El libro, a él) ~~Le lo~~ *he dejado encima de la mesa.* ▶ ***Se lo** he dejado encima de la mesa.*

>> Object pronouns are placed before the conjugated verb.

***Me lo** ha contado Carolina.*

>> Object pronouns are attached to commands, infinitives, and present participles.

*Cuénta**melo**.*   *Va a contár**melo**.*   *Está contándo**melo**.*

INDEFINITE PRONOUNS

People	Things	People and things
alguien	algo	alguno/a/os/as
nadie	nada	ninguno/a

- *¿**Alguien** ha visto mi libro?*
- *No, **nadie**.*

- *¿Quieres **algo** de comer?*
- *No quiero **nada**, gracias.*

- *¿**Algún** muchacho es de Francia?*
- ***Ninguno**. Pero **algunos** de mis amigos hablan francés.*

INDEFINITE ADJECTIVES

People and things
algún/alguna/os/as
ningún/ninguna

Ningunos / ningunas
are not used as adjectives

- *No hay **ningún** muchacho de Francia.*
- *Tengo **algunos** libros que te van a gustar.*

GLOSARIO

A

a, al (6)	to, to the (masculine)
a la derecha de (6)	to the right of
a la izquierda de (6)	to the left of
abierto/a (10)	candid, open
aburridísimo (12)	extremely boring
aburrido/a (10, 11)	boring / bored
acompañado/a (10)	accompanied
actividades de ocio (12)	leisure activities
actualizar (9)	to update
actualizar estado (8)	to update the status
actuar (9)	to act, to play
agradable (8)	nice, pleasant
agregar a un amigo a Facebook (8)	to add a friend on Facebook
ahora (7)	now
al cabo de (9)	after, after a while
al lado de (6)	next to
(el) albergue (8)	inn, hostel
alcanzar (9)	to reach
algo (12)	something
alguien (12)	someone, somebody
alguna vez (12)	ever
alguno/a/os/as (12)	some, any
¿Aló? (10)	Hello (when answering the telephone)
(el) alojamiento (12)	lodging
alojar(se) (8)	to stay (at a hotel)
¡Anda ya! (11)	Come on, no way!
andar (9)	to walk (around)
anoche (8)	last night
antes (11)	before
antes de (9)	before (doing something)
(el) anuncio (9)	ad / comercial
(el) artículo (9)	article
aumentar (8, 9)	to grow, to increase
(el) autobús (6)	bus
(el) avión (6)	airplane
ayer (8)	yesterday
ayer por la mañana / tarde (8)	yesterday morning / afternoon

B

bajar (8)	to go down
bajo cero (7)	below zero
(el) banco (6)	bank
bañarse (8)	to take a bath, to go for a swim
barato/a (6)	inexpensive

(el) barco (6)	ship
bastante (6)	enough, well enough
(el) billete / boleto (8)	ticket
(el) billete de avión (8)	plane ticket
(los) binoculares (8)	binoculars
bromista (11)	jokester
(la) brújula (12)	compass
¿Bueno? (10)	Hello (when answering the telephone)
buscar (8)	to look for

C

callado/a (11)	quiet
caluroso/a (7)	hot
(la) cámara digital (8)	digital camera
(el) canal (9)	channel / network
(las) características (11)	characteristics
cariñoso/a (11)	affectionate
(la) carnicería (10)	meat department / butcher shop
caro/a (6)	expensive
(el) casco antiguo (8)	old town
(el) centro comercial (6)	shopping center, mall
cerca de (6)	close to, near
(las) chanclas (7)	flip flops
(el) cine (6)	movie theater
¿Cómo / Qué tal te ha ido? (12)	How was it?
¿Cómo / Qué tal te lo has pasado? (12)	Did you have a good time?
¿Cómo va a pagar? (10)	How are you paying?
cómodo/a (6)	comfortable
comprar (9)	to buy
(el) concurso (9)	game show
conocer (6, 8)	to know, to meet, to be familiar with
(el) consumidor (10)	consumer
contaminante (6)	contaminant, pollutant
contar (12)	to tell, to count
crecer (8)	to grow (things), to grow up (people)
¿Cuál es tu opinión sobre…? (11)	What is your opinion about…?
cuando (11)	when
¿Cuánto cuesta? (10)	How much does it cost?
¿Cuánto es? (10)	How much is it?
¡Cuánto llueve! (7)	It's really raining!
(la) cuenta (10)	the check
(el) cuerpo de la noticia (9)	main body text

D

dar (9)	to give
de, del (6)	from, from the (masculine)
de… a (9)	from…to
de joven (11)	as a youngster
de miedo (12)	awesome
¿De parte de quién? (10)	Who is calling?
de pequeño/a (11)	as a child
de rebajas (10)	on sale
debajo de (6)	under, below
deber (7)	should / must
decir (7)	to say
dejar (12)	to leave, to lend
dejar un mensaje (10)	to leave a message
delante de (6)	in front of
demasiado (6)	too much
dentro de (6)	inside
(las) descripciones (6, 7, 10, 12)	descriptions
descubrir (8)	to discover
desde (9)	since, from
desde… hasta (9)	since, from… to
desde… a (9)	from…to
despierto/a (10)	awake
después (9)	after, later
(las) desventajas (10)	disadvantages
detrás de (6)	behind
¿Dígame? (10)	Hello (when answering the telephone)
disfrutar de (8)	to enjoy doing something
divertidísimo (12)	hilarious
divertido/a (11)	fun, funny
divertirse (e>ie) (9)	to have fun
(el) documental (9)	documentary
dormido/a (10)	asleep
dos veces (12)	twice, two times
durante (9)	during, for

E

ecológico/a (6)	ecological
(el) elevador (12)	elevator
emitir (9)	to broadcast
emocionante (11)	exciting
empezar (e>ie) (8)	to start, begin
en (6)	on
en efectivo (10)	oin cash
en el hotel (12)	in the hotel

en la tienda (10)	in the store
encima de (6)	on top of
enojarse (8)	to get angry
ensuciar (12)	to dirty
entonces (11)	then
(la) entrada (9)	introduction
(la) entrada (9)	ticket (for a movie, show)
entre (6)	between
entretenido/a (11)	entertaining, enjoyable
(la) entrevista (9)	interview
entrevistar (9)	to interview
(el) escaparate (10)	shop window
esquiar (12)	to ski
Está nublado. (7)	It is cloudy.
(la) estación de metro (6)	subway station
(la) estación de tren (6)	train station
(las) estaciones del año (7)	seasons of the year
Estamos a veinte grados. (7)	It's twenty degrees.
estar ocupado/a (9)	sto be busy
estresado/a (11)	stressed
estresante (11)	stressful
estupendo (12)	amazing, wonderful,
(la) excursión (8)	tour trip, outing
extender(se) (8)	to spread
(el) extranjero (9)	abroad

(los) famosos (9)	famous people
(la) farmacia (6)	pharmacy
fatal (8, 12)	awful
fenomenal (8)	fantastic
frío/a (11)	cold, distant
(la) frutería (10)	fruit and vegetable store

genial (12)	great
genial (8)	awesome
(el) gimnasio (6)	gym
girar (6)	to turn
(el) gorro (7)	knitted hat
(los) grados (7)	degrees
(los) grandes almacenes (10)	department store
(los) guantes (7)	gloves

(la) habitación doble (12)	double room
(la) habitación individual (12)	single room
Hace buen tiempo. (7)	The weather is nice.
Hace calor. (7)	It is hot.
hace dos días / años (8)	two days / years ago
Hace frío. (7)	It is cold.
Hace mal tiempo. (7)	The weather is bad.
Hace muchísimo frío / calor. (7)	It's extremely cold / hot.
Hace mucho frío / calor. (7)	It's very cold / hot.
Hace sol. (7)	It is sunny.
Hace un día muy bueno / malo. (7)	It's a nice / bad day.
Hace viento. (7)	It is windy.
hacer buceo (12)	to dive
hacer la compra (10)	to do the food shopping
hacer puenting (12)	to go bungee jumping
hacer senderismo (12)	to go hiking
hacer surf (12)	to surf
hasta (que) (9)	until, till
hay (6)	there is, there are
(el) hielo (7)	ice
(el) hospital (6)	hospital
(el) hotel (6)	hotel
hoy (7)	today
hubo (9)	there was

(el) impermeable (7, 8)	raincoat
impresionante (11)	impressive
impuntual (11)	perpetually late
incómodo/a (6)	uncomfortable
(los) indefinidos (12)	indefinite pronouns and adjectives
indiferente (11)	indifferent
inestable (7)	unstable
(el) informativo (9)	news brief
interesante (11)	interesting
inútil (11)	useless
(el) invierno (7)	winter
ir (6)	to go
ir a pie (6)	to go on foot
ir a un parque acuático (12)	to go to a water park

ir de camping (12)	to go camping
ir de compras (10)	to go shopping
ir de excursión (7)	to go on an excursion or an outing
ir de vacaciones (6)	to go on vacation
ir de viaje (6)	to go on a trip

jugar (6)	to play
jugar al ajedrez (12)	to play chess

lavar (7)	to wash
(el/la) lector/a (9)	reader
lejos de (6)	far from
(los) lentes / (las) gafas de sol (7, 8)	sunglasses
lento/a (6)	slow
(la) librería (6, 10)	bookstore
(la) linterna (8)	flashlight
listo/a (10)	smart, ready
(la) llamada perdida (10)	missed call
(la) llave (12)	key
llevar (7, 8)	to take, to carry, to wear
llueve (llover o>ue) (7)	it is raining
(la) lluvia (7)	rain

(la) maleta (8)	suitcase
malo/a (10)	bad, sick
mandar un wasap (8)	to send a whatsapp
mañana (7)	tomorrow, morning
(la) más arriesgada (12)	Tuesday
más o menos (12)	the most daring
más tarde (9)	more or less
me gustó mucho / bastante (8)	I liked it a lot/ quite a lot
Me lo pasé bien. (8)	I had a good time.
Me parece (que)… (11)	I think / I believe…
¿Me podría decir el precio? (10)	Could you tell me the price?
(la) media pensión (12)	half board (breakfast and dinner)
(los) medios de comunicación (9)	means of communication
(los) medios de transporte (6)	means of transportation
(el) mes / año pasado (8)	last month / year

(el) metro (6)	subway
(el) miedo (12)	fear
monótono/a (11)	monotonous, routine
montar a caballo (8, 12)	to go horseback riding
montar en globo (12)	to ride in a hot-air balloon
morir (12)	to die
(la) moto (6)	motorcycle
mucho (6)	very much, a lot
(el) mundo empresarial (9)	business world
(el) museo (6)	museum
muy (8)	very
muy (6, 8)	very

N

nada (12)	nothing
nadar (8)	to swim
nadie (12)	no one, nobody
(la) naturaleza (8)	nature
ni (11)	nor, not even
ni fu ni fa (12)	so-so
(la) niebla (7)	fog
Nieva. (7)	It is snowing.
(la) nieve (7)	snow
ninguno/a (12)	none, not any
No contesta. (10)	No answer.
No estoy (totalmente) de acuerdo con… (11)	I don't agree (completely) with…
No hace nada de frío / calor. (7)	It's not at all cold / hot.
No me gustó nada. (8)	I didn't like it at all.
No sé qué decir. (11)	I'm not sure what to say.
No te puedo decir. (11)	I can't say.
(la) noticia (9)	news
(las) noticias de los famosos (9)	celebrity news
(las) noticias del día (9)	today's news
(el) noticiero (9)	news broadcast
(el) número equivocado (10)	wrong number
Nunca jamás. (11)	never ever.

O

ocupado/a (10)	busy
ordinario/a (11)	usual
(el) otoño (7)	autumn or fall
(el) otro día (8)	the other day

P

pagar (7)	to pay
(la) página (9)	page, web page
(la) panadería (6, 10)	bakery (bread), bread shop
(el) panfleto (7)	pamphlet, brochure
¡Para nada! (11)	Not at all!
(la) parada de autobús (6)	bus stop
(el) paraguas (7)	umbrella
(el) parka (7)	ski jacket
pasar tiempo (8)	to spend time
pasear (8)	to go for a walk
(la) pastelería (6, 10)	bakery (cakes and pastries)
patinar (8, 12)	to skate
pedir y dar opiniones (11)	to ask for and give opinions
peligroso/a (6, 11)	dangerous
(la) pensión completa (12)	full room and board
perder(se) (8)	to lose (to get lost)
perezoso/a (11)	lazy
(la) perfumería (10)	beauty supply shop
(el) periódico (9)	newspaper
(el) periódico digital (9)	digital newspaper
(el/la) periodista (9)	journalist
(el) personaje famoso (9)	celebrity
(las) personalidades (11)	personality traits
(las) personas (9)	people
(la) pescadería (10)	fish store / market
(la) playa (8)	beach
poco (6)	very little, not much
ponerse (9)	to put on, to become
¿Por qué? (11)	Why?
porque (11)	because
(la) portada (9)	cover
practicar submarinismo (8)	to practice scuba diving
práctico/a (11)	practical
preferir (e>ie) (8)	to prefer
(la) prensa (9)	press
(la) prensa deportiva (9)	sports publications
(el/la) presentador/a (9)	presenter / broadcaster
(la) primavera (7)	spring
(la) primera página (9)	front page
(el) programa (9)	program
(la) propina (12)	tip
(el) protector solar (8)	sunscreen

próximo/a (7)	next
(la) publicidad (10)	publicity, advertisement
puntual (11)	punctual

Q

¡Qué + adjetivo! (10)	How + adjective!
¡Qué + sustantivo + más! (10)	What a + adjective + noun!
¡Qué + sustantivo + tan! (10)	What a + adjective + noun!
¡Qué calor! (7)	It's so hot!
¡Qué dices! (11)	What are you talking about?
¡Qué frío / calor tengo! (7)	I'm so cold / hot!
¡Qué frío hace! (7)	It's so cold!
¿Qué opinas / piensas sobre…? (11)	What do you think about…?
¿Qué precio tiene? (10)	What is the price?
¿Qué te parece…? (11)	What do you think about…?
¡Qué va! ¡Que no! (11)	No way!
que viene (7)	upcoming, next
querer (e>ie) (8)	to want

R

(la) radio (9)	radio
rápido/a (6)	fast
(el/la) recepcionista (12)	receptionist
recorrer (8)	to go all over
(la) red social (9)	social network
reelegir (9)	to reelect
regresar (8, 12)	to return
regular (8)	not so good, okay
relajante (11)	relaxing
(el) relámpago (7)	lightning
repetir (e>i) (9)	to repeat
(el) reportaje (9)	report
(la) reservación (12)	reservation
(la) revista (9)	magazine
(la) revista de información científica (9)	science news magazine
rico/a (10)	rich, tasty
romper (9, 12)	to break, to break up
(la) ropa (7)	clothes
ruidoso/a (11)	loud, noisy

S

(el) saco de dormir (8)	sleeping bag
salir con amigos (12)	to go out with friends
saludable (11)	healthy
¿Se encuentra…? (10)	Is… there?
seguir (6)	to follow, to continue
seguro/a (6, 11)	secure, safe, certain
¿Sí? (10)	Hello (when answering the telephone)
siguiente (9)	next
silencioso/a (11)	quiet
solo/a (10)	alone
(la) sombrilla (8)	beach umbrella
soso/a (11)	dull, bland
subir (8)	to go up, to get on, to climb
subir una foto (8)	to upload a photo
(el) subtítulo (9)	lead or subhead
suena ocupado (10)	busy signal
superbién (12)	super
(el) supermercado (6, 10)	supermarket

T

tarjeta de crédito / débito (10)	credit / debit card
tarjeta de regalo (10)	gift card
(el) taxi (6)	taxi
(el) teatro (6)	theater
(la) telenovela (9)	soap opera
(la) temperatura (7)	temperature
templado (7)	temperate, mild
(la) temporada alta (12)	high season
(la) temporada baja (12)	low season
(el) tiempo atmosférico (7)	the weather
(la) tienda de campaña (8)	tent
(la) tienda de electrónica (10)	electronics store
(la) tienda de ropa (6, 10)	clothing store
¿Tienes frío / calor? (7)	Are you cold / hot?
Tienes razón. (11)	You are right.
(las) tiendas (10)	the stores
(el) titular (9)	headline
(la) toalla de playa (8)	beach towel
todavía no (12)	not yet
¡Totalmente! (11)	Totally!
(la) tormenta (7)	storm
traer (7)	to bring
(el) traje de baño (8)	bathing suit
tranquilo/a (11)	calm, quiet

(el) tren (6)	train
(el) trueno (7)	thunder
tuitear (8)	to tweet

U

últimamente (12)	lately
un desastre (12)	a disaster
una vez (12)	once, one time

V

venir (7)	to come
(la) ventaja (10)	advantage
ver una emisión en directo (8)	to watch a live broadcast
(el) verano (7)	summer
(los) viajes (8)	Trips
volar en un parapente (12)	to go paragliding
volver a (9)	to do something again
votar (9)	to vote

Y

ya (12)	already
¡Yo qué sé! (11)	What do I know!

Z

(la) zapatería (6, 10)	shoe store

CREDITS

The authors wish to thank the many people who assisted in the photography used in the textbook. Credit is given to photographers and agencies below.

We have made every effort to trace the ownership of all copyrighted material and to secure permission from copyright holders. In the event of any question arising as to the use of any material, please let us now and we will be pleased to make the corresponding corrections in future printings.

Page 136 (Allan Danahar, Col. Photodisc) | **Page 137** (Stockbyte, Col. Stockbyte / Creatas, Col. Creatas / ViktorCap, Col. iStock) | **Page 138** (Sergey Furtaev, Col. Shutterstock / Odua Images, Col. Shutterstock) | **Page 139** (Odua Images, Col. Shutterstock) | **Page 140** (Kryvenok Anastasiia, Col. Shutterstock / Tupungato, Col. Shutterstock / Jorge Salcedo, Col. Shutterstock) | **Page 143** (d13, Col. Shutterstock / StockLite, Col. Shutterstock / CandyBox Images, Col. Shutterstock / Tyler Olson, Col. Shutterstock / MJTH, Col. Shutterstock / Rostislav Glinsky, Col. Shutterstock / Aleksandr Markin, Col. Shutterstock / Popova Valeriya, Col. Shutterstock / Pressmaster, Col. Shutterstock / racorn, Col. Shutterstock / spotmatik, Col. Shutterstock / Kzenon, Col. Shutterstock) | **Page 145** (Denis Cristo, Col. Shutterstock) | **Page 146** Radu Bercan, Col. Shutterstock / sevenke, Col. Shutterstock) | **Page 150** (Jack Hollingsworth, Col. Photodisc) | **Page 151** (michaeljung, Col. Shutterstock) | **Page 153** (Jason Stitt, Col. Shutterstock) | **Page 155** (auremar, Col. Shutterstock / Pavel L Photo and Video, Col. Shutterstock / TravnikovStudio, Col. Shutterstock / Daniel Korzeniewski, Col. Shutterstock / yyyahuuu, Col. iStock / Woodkern, Col. iStock / Simon Dannhauer, Col. iStock / JDEstevao, Col. iStock) | **Page 158** (Digital Vision, Col. Photodisc / Elena Dijour, Col. Shutterstock) | **Page 160** (Galina Barskaya, Col. Shutterstock) | **Page 161** (PIKSEL, Col. iStock / pojoslaw, Col. iStock / omgimages, Col. iStock) | **Page 162** (meunierd, Col. Shutterstock) | **Page 163** (Kozak, Col. Shutterstock / Sergey Mironov, Col. Shutterstock) | **Page 164** (Anna Omelchenko, Col. iStock / Christian Müller, Col. iStock / Creatas Images, Col. Creatas / mizar_21984, Col. iStock / JulyVelchev, Col. iStock / TomasSereda, Col. iStock / Antonio Battista, Col. iStock / Skreidzeleu, Col. Shutterstock / Mimadeo, Col. iStock / Balazs Kovacs, Col. iStock / sborisov, Col. iStock / arsmagnusson, iStock / RusN, Col. iStock) | **Page 166** (gpointstudio, Col. iStock) | **Page 168** (dookfish, Col. Shutterstock / Skreidzeleu, Col. Shutterstock / Eric Gevaert, Col. Shutterstock / funkyfrogstock, Col. Shutterstock) | **Page 169** (KerdaZz, Col. Shutterstock / Eachat, Col. iStock) | **Page 170** (Barna Tanko, Col. Shutterstock / Elena Elisseeva, Col. Shutterstock) | **Page 171** (desertsolitaire, Col. iStock / risck, Col. iStock / Martin Galabov, Col. iStock / Daniel Ernst, Col. iStock / Halina Yakushevich, Col. Shutterstock / Peera_Sathawirawong, Col. iStock / nelik, Col. iStock / scanrail, Col. iStock / Eskemar, Col. iStock / Marco Prati, Col. Shutterstock / Evgeny Karandaev, Col. iStock) | **Page 175** (Plush Studios, Col. Blend Images / elwynn, Col. Shutterstock / Blend Images, Col. Shutterstock / Diego Cervo, Col. Shutterstock / AntonioDiaz, Col. Shutterstock) | **Page 176** (Luca Francesco Giovanni Bertolli, Col. iStock / Jon Feingersh, Col. Blend Images) | **Page 177** (Jirsak, Col. Shutterstock / kurhan, Col. Shutterstock / Carlos Yudica, Col. Shutterstock / chungking, Col. Shutterstock / Everything, Col. Shutterstock / Nattika, Col. Shutterstock / Pixelbliss, Col. Shutterstock / Camilo Torres, Col. Shutterstock / Pep Fuster, Col. Shutterstock / Sunny studio, Col. Shutterstock) | **Page 178** (Mike Watson Images, Col. Moodboard / Izf, Col. iStock / belchonock, Col. iStock / Fuse, Col. Fuse / Fuse, Col. Fuse / Boarding1Now, iStock / Wavebreakmedia Ltd, Col. Wavebreak Media / stokkete, Col. iStock / Wavebreakmedia Ltd, Col. Wavebreak Media / Fuse, Col. Fuse / Fuse, Col. Fuse) | **Page 182** (paffy, Col. Shutterstock) | **Page 184** (Digital Vision, Col. Digital Vision) | **Page 185** (toxawww, Col. iStock Editorial / Fuse, Col. Fuse / -art-siberia-, Col. iStock / James Woodson, Col. Digital Vision) | **Page 186** (Don Mammoser, Col. Shutterstock) | **Page 192** (Marius Pirvu, Col. Shutterstock / ArielMartin, Col. Shutterstock / leungchopan, Col. Shutterstock) | **Page 193** (Olga Rosi, Col. Shutterstock) | **Page 198** (Toniflap, Col. Shutterstock / nito, Col. Shutterstock) | **Page 199** (Christian Vinces, Col. Shutterstock / Purestock, Col. Purestock) | **Page 200** (Shelly Perry, Col. iStock / David Pedre, Col. iStock / Blend Images, Col. Shutterstock) | **Page 201** (oneinchpunch, Col. Shutterstock) | **Page 206** (Hasloo Group Production Studio, Col. Shutterstock) | **Page 208** (Wavebreakmedia Ltd, Col. Wavebreak Media) | **Page 209** (monkeybusinessimages, Col. iStock / Izf, Col. iStock / Creatas Images, Col. Creatas) | **Page 210** (Andreas Rodriguez, Col. iStock / Dean Drobot, Col. Shutterstock) | **Page 211** (Andreas Rodriguez, Col. iStock / Olesia Bilkei, Col. iStock / Iakov Filimonov, Col. Shutterstock) | **Page 212** (carlosseller, Col. Shutterstock / Rdaniel, Col. Shutterstock) | **Page 214** (Peter Bernik, Col. Shutterstock) | **Page 215** (Pavel L Photo and Video, Col. Shutterstock / Peter Scholz, Col. Shutterstock / Picsfive, Col. Shutterstock / Brian A Jackson, Col. Shutterstock / carballo, Col. Shutterstock / Rawpixel, Col. Shutterstock / Vepar5, Col. Shutterstock) | **Page 216** (hasan eroglu, Col. Shutterstock / Gajus, Col. Shutterstock / Bloomua, Col. Shutterstock / Coprid, Col. Shutterstock / Thinglass, Col. Shutterstock) | **Page 217** (withGod, Col. Shutterstock / CHOATphotographer, Col. Shutterstock / nanD_ Phanuwat, Col. Shutterstock) | **Page 218** (wavebreakmedia, Col. Shutterstock / Everett Collection, Col. Shutterstock / pisaphotography, Col. Shutterstock / Johan Swanepoel, Col. iStock) | **Page 219** (wavebreakmedia, Col. Shutterstock / robuart, Col. Shutterstock / Brad Camembert, Col. Shutterstock / Blend Images, Col. Shutterstock) | **Page 222** (Volodymyr Baleha, Col. Shutterstock) | **Page 224** (Savvapanf Studio, Col. Shutterstock) | **Page 225** (Elnur, Col. Shutterstock / rubtsov, Col. Shutterstock / bikeriderlondon, Col. Shutterstock) | **Page 227** (wavebreakmedia, Col. Shutterstock) | **Page 230** (Jaimie Duplass, Col. Shutterstock) | **Page 232** (Yamini Chao, Col. Digital Vision) | **Page 233** (Fuse, Col. Fuse / moodboard, Col. moodboard / jarenwicklund, Col. iStock) | **Page 234** (gpointstudio, Col. Shutterstock / Elena Elisseeva, Col. Shutterstock) | **Page 235** (Goodluz, Col. Shutterstock) | **Page 236** (Lewis Tse Pui

Lung, Col. Shutterstock / FotograFFF, Col. Shutterstock / 97, Col. iStock / boggy22, Col. iStock / futureGalore, Col. Shutterstock / fiphoto, Col. Shutterstock / Laborant, Col. Shutterstock / Gregory Gerber, Col. Shutterstock / Sorbis, Col. Shutterstock / Iakov Filimonov, Col. Shutterstock) | **Page 240** (Rocketclips, Inc., Col. Shutterstock / Daniel M Ernst, Col. Shutterstock) | **Page 246** (Diego P. Vargas, Col. Shutterstock / Barna Tanko, Col. Shutterstock / Blend Images, Col. Shutterstock / Edyta Pawlowska, Col. Shutterstock / Erkki Alvenmod, Col. Shutterstock) | **Page 247** (James Steidl, Col. Shutterstock) | **Page 248** (Monkey Business Images, Col. Shutterstock) | **Page 249** (Ienetstan, Col. Shutterstock) | **Page 250** (wavebreakmedia, Col. Shutterstock) | **Page 251** (Valua Vitaly, Col. Shutterstock / Eugenio Marongiu, Col. Shutterstock / Africa Studio, Col. Shutterstock) | **Page 254** (nenetus, Col. Shutterstock / Everything, Col. Shutterstock) | **Page 256** (Medioimages/Photodisc, Col. Photodisc) | **Page 257** (kcslagle, Col. iStock / Petrenko Andriy, Col. Shutterstock / Diego Cervo, Col. Shutterstock) | **Page 258** (monkeybusinessimages, Col. iStock / Everett Collection, Col. Shutterstock) | **Page 259** (PathDoc, Col. Shutterstock) | **Page 260** (Pichugin Dmitry, Col. Shutterstock / steve estvanik, Col. Shutterstock) | **Page 261** (Andresr, Col. Shutterstock) | **Page 262** (s_bukley, Col. Shutterstock / Andresr, Col. Shutterstock) | **Page 263** (scyther5, Col. Shutterstock / Tatyana Vyc, Col. Shutterstock / Artem and Victoria Popovy, Col. Shutterstock / Tatiana Popova, Col. Shutterstock / pisaphotography, Col. Shutterstock) | **Page 265**

(Andresr, Col. Shutterstock) | **Page 266** (Joana Lopes, Col. Shutterstock / images.etc, Col. Shutterstock / A and N photography, Col. Shutterstock / Rido, Col. Shutterstock) | **Page 270** (Arpad Nagy-Bagoly, Col. iStock) | **Page 271** (Comstock, Col. Stockbyte) | **Page 273** (Sergey Chirkov, Col. Shutterstock / Mat Hayward, Col. Shutterstock / padu_foto, Col. Shutterstock / Gelpi JM, Col. Shutterstock) | **Page 274** (blackdovfx, Col. iStock) | **Page 275** (Peter Dedeurwaerder, Col. Shutterstock) | **Page 278** (Monkey Business Images, Col. Shutterstock) | **Page 280** (Lite Productions, Col. Lite Productions) | **Page 281** (Jack Hollingsworth, Col. Valueline / Kalulu, Col. iStock / monkeybusinessimages, Col. iStock) | **Page 282** (Sergio Stakhnyk, Col. Shutterstock) | **Page 283** (Steve Cukrov, Col. Shutterstock) | **Page 284** (101akarca, Col. Shutterstock / Ammit, Col. iStock / jayfish, Col. iStock) | **Page 285** (Stockdonkey, Col. Shutterstock / Soren Egeberg Photography, Col. Shutterstock) | **Page 287** (Rido, Col. Shutterstock) | **Page 288** (Gabriel Georgescu, Col. Shutterstock / AntonioDiaz, Col. Shutterstock) | **Page 291** (Huntstock.com, Col. Shutterstock) | **Page 294** (Stokkete, Col. Shutterstock) | **Page 296** (CREATISTA, Col. iStock) | **Page 297** (Warren Goldswain, Col. Shutterstock) | **Page 298** (Jakub Junek, Col. Shutterstock) | **Page 299** (luismonteiro, Col. Shutterstock / Guillermo Pis Gonzalez, Col. Shutterstock) | **Page 302** (Lucky Business, Col. Shutterstock)

SABOR LATINO: Unidad 7 Shutterstock/Anton Balazh, Shutterstock/Pichugin Dmitry, Shutterstock/Andre Dib, Shutterstock/Nataliya Hora | **Unidad 8** Shutterstock/Serban Bogdan, Shutterstock/Maria Maarbes, Thoroe/Map data (c) OpenStreetMap (and) contributors, CC-BY-SA, Shutterstock/Rafal Chichawa, Shutterstock/Vlad Galenko | **Unidad 9** Ian MacLellan/Shutterstock.com, Shutterstock.com / cristovao, Asuncion Grafimam/2007 Cervantes Project, ES James/Shutterstock.com, German Costabel/Wikicommons | **Unidad 10** Shutterstock/Moreno Novello, Shutterstock/iVangelos, Shutterstock/Miguel Campos, Shutterstock/Arena Creative, Shutterstock/Quka | **Unidad 11** Canopus49/Wikicommons, Shutterstock/Pablo Hidalgo – Fotos593, Shutterstock/Ivalin, Wiki Commons/José Francisco Pintón | **Unidad 12** T photography/Shutterstock.com, Anibal Trejo/Shutterstock.com, Sergio Schnitzler/Shutterstock.com, Iakov Filimonov/Shutterstock.com, biblioabrazo/Gobierno de Extremadura

NOTES